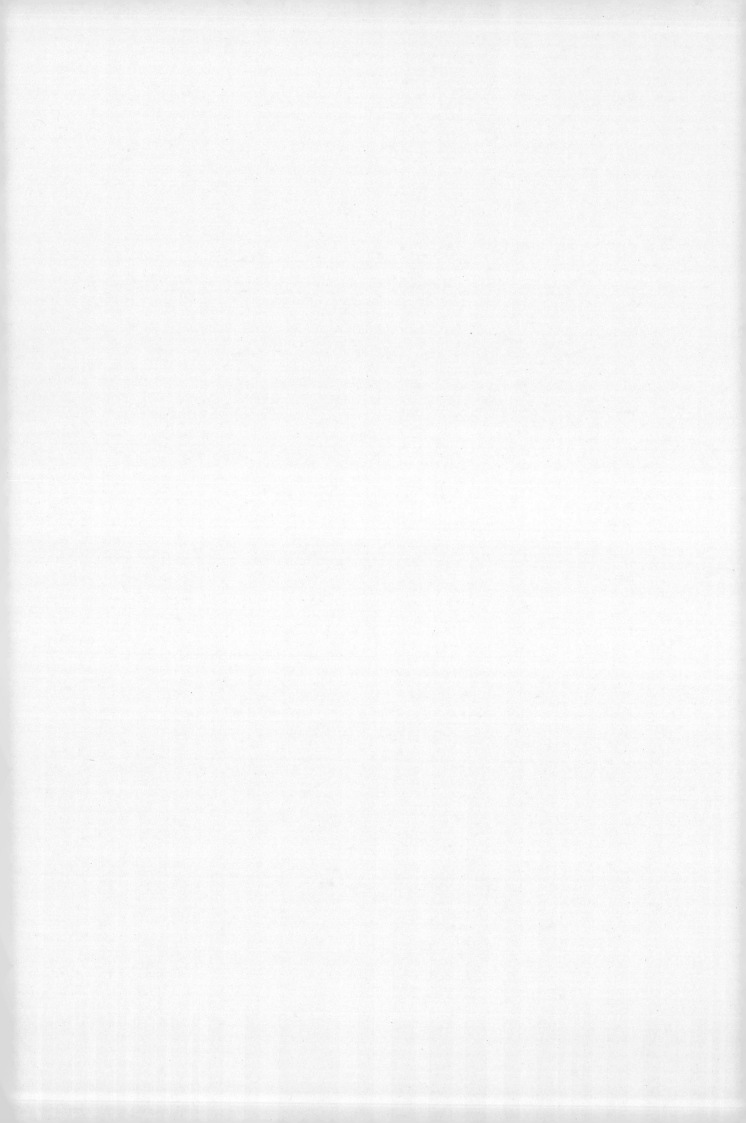

漫画から学ぶ生きる力

サバイバル編

もくじ

タイトル＆著者《ちょしゃ》さくいん（五十音順《ごじゅうおんじゅん》）

©今日マチ子/河出書房新社

巻頭特集《かんとうとくしゅう》

漫画家《まんがか》 今日《きょう》マチ子《こ》が語《かた》る

戦争《せんそう》は目《め》を背《そむ》けられないテーマだと思《おも》うんです。

今日《きょう》マチ子《こ》

2004年《ねん》より自身《じしん》のブログではじめた1ページ漫画《まんが》『センネン画報《がほう》』が評判《ひょうばん》となりデビュー。代表作品《だいひょうさくひん》『cocoon《コクーン》』『アノネ、』『ぱらいそ』『センネン画《が》報《ほう》』『みかこさん』『猫嬢《ねこじょう》ムーム』『いちご戦争《せんそう》』ほか多数《たすう》。

「お菓子《かし》と戦争《せんそう》は、すごくよく似《に》ている」

――『いちご戦争《せんそう》』の表紙《ひょうし》がとてもかわいいですね。

『いちご戦争《せんそう》』は、私《わたし》のWebサイト「センネン画報《がほう》」で描《か》きはじめたものです。『cocoon《コクーン》』※上演《じょうえん》の準備《じゅんび》をしていた際《さい》に、自分《じぶん》の中《なか》にある戦争《せんそう》のイメージをきれいにまとめたりせずに、そのまま心《こころ》の中《なか》にある状態《じょうたい》でメモとして残《のこ》しておきたいと思《おも》ったのです。

――『いちご戦争《せんそう》』には、「かわいいもの」や「甘《あま》いもの」がたくさん出《で》てきますね。

「甘《あま》いもの」は女《おんな》の子《こ》とセット出《で》てくることが多《おお》いですね。ひとつには、女《おんな》の子《こ》それ自体《じたい》のイメージを象徴《しょうちょう》しています。甘《あま》いもの（女《おんな》の子《こ》）と戦《せん》争《そう》という組《く》み合《あ》わせで描《か》きたいなあというのは前々《まえまえ》からありました。

『いちご戦争《せんそう》』のコンセプトは、お菓子《かし》と戦争《せんそう》って、すごくよく似《に》ているという思《おも》いからなんです。両方《りょうほう》とも突《つ》きつめて考《かんが》えれば、「別《べつ》に無《な》くても良《い》い存在《そんざい》」なんです。しかし、私《わたし》たちは手《て》を出《だ》してしまう。そこにどうしてもやめられない、なんらかの魅力《みりょく》がある。

――戦争《せんそう》においては、女性《じょせい》、ましてや大人《おとな》になっていない女《おんな》の子《こ》たちは、一方的《いっぽうてき》に被害《ひがい》を受《う》けるだけの被害者《ひがいしゃ》かと思《おも》います。

そうですね。でも、そこに少《すこ》し意《い》地悪《じわる》な視点《してん》を入《い》れてみました。単《たん》なる被害者《ひがいしゃ》ではなく。被害者《ひがいしゃ》という立《たち》場《ば》に酔《よ》っている部分《ぶぶん》とか。私《わたし》の作品《さくひん》

いちごミルク海峡決戦

※『cocoon《コクーン》』の紹介《しょうかい》は6ページ、28ページへ。

『ぱらいそ』
著《ちょ》：今日《きょう》マチ子《こ》　発行《はっこう》：秋田書店《あきたしょてん》
少女《しょうじょ》は小《ち》さな白《しろ》い爆弾《ばくだん》を武器《ぶき》に、未来《みらい》に向《む》けて手《て》を振《ふ》った。少女《しょうじょ》×戦争《せんそう》×ファンタジーシリーズ三部作完結編《さんぶさくかんけつへん》。
©今日マチ子/秋田書店

はフィクションですが、その中《なか》にいる女《おんな》の子《こ》たちに、私《わたし》は単《たん》なる被害者《ひがいしゃ》という立《た》ち位置《いち》をゆるしていなくて、状況《じょうきょう》にあまんじているのではないか、被害者的《ひがいしゃてき》な位置《いち》に酔《よ》いしれている面《めん》はないかというところも加《くわ》えています。

——甘《あま》いミルクに見《み》せかけた毒《どく》とか、お菓子《かし》＝女《おんな》の子《こ》の毒《どく》が表現《ひょうげん》されていますね。

はい。『ぱらいそ』では、少女《しょうじょ》のズルさなど、主人公《しゅじんこう》なんだけど良《よ》いところも悪《わる》いところも描《えが》いています。『cocoon《コクーン》』でもそれはチラチラ出《だ》していて、主人公《しゅじんこう》は（一見弱々《いっけんよわよわ》しくて、やさしい誠実《せいじつ》な女《おんな》の子《こ》なんだけれど）自分《じぶん》だけは絶対《ぜったい》に生《い》き残《のこ》ろうとしていて、しかも好《す》きな人《ひと》や物《もの》とだけ生《い》き残《のこ》りたいと思《おも》っているんです。つまり無自覚《むじかく》に、他人《たにん》をけちらすような強《つよ》さみたいなそういう面《めん》もあります。

——戦争《せんそう》という暴力《ぼうりょく》にさらされた少女《しょうじょ》が「生《い》き残《のこ》る」ための手段《しゅだん》ということでしょうか。

つまり生《い》きることの色々《いろいろ》な姿《すがた》、形《かたち》が戦争《せんそう》という状況《じょうきょう》であらわになるわけです。ひどい思《おも》いをした被害者《ひがいしゃ》が現実《げんじつ》に存在《そんざい》した一方《いっぽう》で、そのまま被《ひ》害者《がいしゃ》としての側面《そくめん》のみで描《えが》くのではなく、その人々《ひとびと》の心《こころ》の、そのときのありようや、心《こころ》に浮《う》かんだ悪《わる》いところなどふくめ、さまざまな面《めん》から描《えが》くことではじめて、その人《ひと》たちときちんと向《む》きあったことになるのではないかと思うんです。

——『アノネ、』の中《なか》では、箱《はこ》の中《なか》、閉《と》ざされた異次元空間《いじげんくうかん》みたいなところに主人公《しゅじんこう》の太郎《たろう》と花子《はなこ》（歴史上《れきしじょう》の人物《じんぶつ》のヒトラー※とアンネ※をイメージさせるふたり）が閉《と》じこめられているわけですが、彼《かれ》らは一種《いっしゅ》の恋愛《れんあい》状態《じょうたい》なんでしょうか。

まず、ふたりはヒトラーとアンネというイメージと直結《ちょっけつ》ではありません。ふたりは疑似恋愛《ぎじれんあい》というか、少《すく》なくとも「心《こころ》を通《かよ》わす状態《じょうたい》」にはあると思《おも》います。

——花子《はなこ》はラストの方《ほう》、死《し》の直前《ちょくぜん》に「あなたにあげる、私《わたし》の持《も》っているぜんぶ」と言《い》って、最後《さいご》の一《ひと》つぶのあめ玉《だま》を太郎《たろう》にわたしますよね。

あめ玉《だま》をわたすあの行為《こうい》には、「生《い》き残《のこ》るのをあきらめてしまう」という側面《そくめん》があります。太郎《たろう》はどうしても彼女《かのじょ》を傷《きず》つけずにはいられない男《おとこ》の子《こ》です。そんな彼《かれ》にすべてをたくしてしまうのです。

——ゆがんでいるかもしれませんが、花子《はなこ》＝圧制《あっせい》を受《う》けている人々《ひとびと》が、太郎《たろう》＝暴力《ぼうりょく》で場《ば》を支配《しはい》する者《もの》に、愛情《あいじょう》らしきものをいだき、運命《うんめい》や命《いのち》をたくしてしまうわけですね。花子《はなこ》は太郎《たろう》に博愛的《はくあいてき》に愛情《あいじょう》を注《そそ》いだというわけではないのですね。

※アドルフ・ヒトラー：(1889年《ねん》～1945年《ねん》) ドイツナチス党《とう》を率《ひき》いて、第二次世界大戦《だいにじせかいたいせん》をおこした。
※アンネ・フランク：(1929年《ねん》～1945年《ねん》) ドイツに生《う》まれたユダヤ系《けい》ドイツ人《じん》。オランダに亡命《ぼうめい》するも強制収容所《きょうせいしゅうようじょ》に入《い》れられ死亡《しぼう》。『アンネの日記《にっき》』の著者《ちょしゃ》。

そうですね。花子《はなこ》は、最初《さいしょ》は現実《げんじつ》を見《み》ないで一種《いっしゅ》の妄想《もうそう》の中《なか》に生《い》きているわけですが、現実《げんじつ》をまのあたりにして、あきらめて、生《い》きることをやめてしまう。つまり大事《だいじ》なものをあげてしまうのです。「自分《じぶん》はここで終《お》わりなんだ」って。

加害者《かがいしゃ》であり世紀《せいき》の極悪人《ごくあくにん》とされるヒトラーと、被害者《ひがいしゃ》であり聖少女《せいしょうじょ》的《てき》イメージのアンネは真逆《まぎゃく》の存在《そんざい》ですが、もし想像《そうぞう》の中《なか》でふたりがわかりあえる一瞬《いっしゅん》があるとすれば、どんな場面《ばめん》なのだろう、と考《かんが》えました。ふたりは大人《おとな》になる前《まえ》の子《こ》どもに近《ちか》い年齢《ねんれい》です。つまり、ヒトラーになる前《まえ》、アンネになる前《まえ》の存在《そんざい》ですね。まだ、何者《なにもの》にも規定《きてい》されず、どこでもない空間《くうかん》でふたりは出会《であ》います。そのタイミングで、そんなところならふたりはどんな会話《かいわ》をするのかとか、どう心《こころ》を通《かよ》わせるのかとか思《おも》ったのです。あの異次元空間的《いじげんくうかんてき》なところはつまり、色《いろ》や価値《かち》を与《あた》えられていないどこでもないところなのです。

——史実《しじつ》から切《き》りはなした思考実験《しこうじっけん》室的《しつてき》な感《かん》じでしょうか。

『cocoon《コクーン》』も史実《しじつ》を発想《はっそう》のベースにしたフィクションですが、史実《しじつ》に近《ちか》い話《はなし》と思《おも》われがちでした。戦争《せんそう》のフィクションをリアルに感《かん》じられるように描《えが》くと、それを史実《しじつ》だとかんちがいする人《ひと》も出《で》てきます。そこで『アノネ、』では、思《おも》い切《き》りフィクションとわかるほうに描《えが》いてみたのです。

——しかしそれはある種《しゅ》、実際《じっさい》のできごとのように強烈《きょうれつ》に感《かん》じさせるのに成功《せいこう》しているともいえるわけですよね。フィクションであるからこそ、本質《ほんしつ》にせまれる面《めん》もあります。

そうなんですけれど、ちょっととまどいもありました。逆《ぎゃく》に若《わか》い10代《だい》の読者《どくしゃ》からは、沖縄戦《おきなわせん》などの史実《しじつ》をくわしく知《し》らないので、単《たん》に戦争《せんそう》をモチーフにした恋愛《れんあい》ものみたいに見《み》られることもありました。

——大人《おとな》のほうが、史実《しじつ》にしばられて自由《じゆう》に想像力《そうぞうりょく》を働《はたら》かせて読《よ》めない面《めん》もありそうです。

自由《じゆう》に読《よ》んでもらえればと思《おも》いますね。あるアイドルグループファンの子《こ》が、登場人物《とうじょうじんぶつ》を全部《ぜんぶ》、そのアイドルの子《こ》たちになぞらえて読《よ》んでいたことがあって、それは面白《おもしろ》い読《よ》み方《かた》だと思《おも》いました。

——大人《おとな》は歴史上《れきしじょう》の人物《じんぶつ》や史実《しじつ》に対《たい》し、こうあってほしいとか、なんか漫画《まんが》の読《よ》み方《かた》にも願望《がんぼう》がこもっている面《めん》がありますよね。

だから、「この場面《ばめん》はこう解釈《かいしゃく》できるだろう」と思《おも》いながら描《えが》いても、実際《じっさい》にはどう読《よ》まれるかわからないところもあって。

多《おお》くの人《ひと》が求《もと》めがちなのが、戦争《せんそう》があって悲《ひ》劇《げき》があって、被《ひ》害者《がいしゃ》がいてというある種《しゅ》の定型《ていけい》があります。読《よ》み方《かた》が固定《こてい》されがちな人《ひと》がいる一方《いっぽう》で、通《とお》りいっぺんの読《よ》み方《かた》に疑問《ぎもん》を持《も》っている人《ひと》たちもいます。自《じ》分《ぶん》の視点《してん》を固定《こてい》されたくない人《ひと》、逆《ぎゃく》に自分《じぶん》の立場《たちば》からものを見《み》たい人《ひと》。

立《た》ち位置《いち》が大事《だいじ》というのはわかります。また、作家《さっか》に対《たい》してもどの立《た》ち位置《いち》なのかとか決《き》めたがる点《てん》があります。しかし、作家《さっか》は自由《じゆう》にいろいろな立場《たちば》でいろんな見方《みかた》ができる。それが表現者《ひょうげんしゃ》だと思《おも》うんです。

——『いちご戦争《せんそう》』は、まさにおどろきで、これは果《は》たして漫画《まんが》なのか

『アノネ、』
著《ちょ》：今日《きょう》マチ子《こ》　発行《はっこう》：秋田書店《あきたしょてん》
より想像力豊《そうぞうりょくゆた》かに、少女《しょうじょ》たちが戦争《せんそう》を生《い》き、死《し》ぬ様《さま》を描《えが》いた、世紀《せいき》の戦争《せんそう》フィクション第《だい》2弾《だん》。

とさえ言《い》われたりもしました。

もともと私《わたし》は、言葉《ことば》（セリフ）がない漫画《まんが》でデビューしています。「画《が》集《しゅう》みたい」とも言《い》われました。でもやっぱり、「これは漫画《まんが》だ」と評価《ひょうか》されました。そもそも一《ひと》コマ漫画《まんが》というのは漫画《まんが》の元祖《がんそ》ですので、基本《きほん》にもどっただけだとも言《い》えます。

――『いちご戦争《せんそう》』では血《ち》の表現《ひょうげん》をイチゴやジャムなどに変《か》えていますね。にもかかわらず死《し》ととなり合《あ》わせな感《かん》じがとてもします。

血《ち》を、見《み》たままの血《ち》として描《か》いてしまうと、まず読者《どくしゃ》から抵抗《ていこう》されてしまう可能性《かのうせい》があります。まったくかわいくないですし。そこで、かわいくイチゴの赤《あか》で描《か》くことで、皮肉《ひにく》などのメッセージを伝《つた》えようとしているわけです。この場合《ばあい》、そのままだと皮肉《ひにく》が伝《つた》わりにくい。カワイイものの別《べつ》の側《そく》面《めん》、愚《おろ》かしさとか、いろいろと読《よ》んでいただきたいわけです。

――八百屋《やおや》さんやスーパーでかぐイチゴのにおいのかわりに、血《ち》や死《し》の強烈《きょうれつ》なにおいが誌面《しめん》からただよってくるような錯覚《さっかく》すら覚《おぼ》えるんです。おどろきでした。

「まさかの手法《しゅほう》」とかいろいろ評価《ひょうか》していただけましたね。

――食《た》べることは、生《い》きることと直《ちょく》接結《せつむす》びついていますから、もしかしたら死《し》とも結《むす》びついているのかもしれません。『cocoon《コクーン》』では、甘《あま》いミルク味《あじ》の毒《どく》を自力《じりき》で生《い》きのびられない兵士《へいし》に飲《の》ませるという描写《びょうしゃ》もありましたね。

甘《あま》いお菓子《かし》、というのは、〝本物《ほんもの》ではない〟というイメージもこめています。〝女《おんな》の子《こ》の夢《ゆめ》〟つまりは実体《じったい》のない夢《ゆめ》なのだという、そんなシーンにあめ玉《だま》とかお菓子《かし》とか象徴的《しょうちょうてき》に出《だ》すわけです。今《いま》から指《さ》し示《しめ》すものはニセモノですよというように。これが、お米《こめ》の甘《あま》さならまたちがうイメージになるんでしょうけれど、あめ玉《だま》は人工的《じんこうてき》な強《つよ》い甘《あま》みで、体《からだ》に本《ほん》質的《しってき》には必要《ひつよう》ないですよね。

――読者《どくしゃ》が読《よ》むとっかかりとして、あめ玉《だま》を出《だ》すのはいいですね。

読者《どくしゃ》の方《かた》も、「お、あめ玉《だま》出《で》た。今《こん》回《かい》の肝《きも》はここだな」とか（笑）。

――『cocoon《コクーン》』では、男性《だんせい》の登場人物《とうじょうじんぶつ》が、ほぼ「白《しろ》い人《ひと》」に記号《きごう》化《か》されています。

私《わたし》は女子高育《じょしこうそだ》ちだったんですが、そのときの気持《きも》ちとして、男性《だんせい》が身近《みぢか》でなく、正体不明《しょうたいふめい》で不安《ふあん》の対象《たいしょう》みたいな感《かん》じだったのです。その中高生《ちゅうこうせい》のときの感覚《かんかく》を活《い》かしたかったんです。男性《だんせい》に対《たい》する、なんだかわからないけれど怖《こわ》い感《かん》じは戦争《せんそう》に対《たい》するそれと同《おな》じ感《かん》じがします。

――アウシュビッツの強制収容所《きょうせいしゅうようじょ》に行《い》ったそうですね。

寒《さむ》い季節《きせつ》だったのですが、水《みず》はけの悪《わる》い土地《とち》で、びちゃびちゃなんです。建物《たてもの》の中《なか》も、湿気《しっけ》が多《おお》くていやな寒《さむ》さでした。

ガイドさんは、何度《なんど》来《き》ても怖《こわ》いと

『cocoon《コクーン》』
著《ちょ》：今日《きょう》マチ子《こ》　発行《はっこう》：秋田書店《あきたしょてん》
戦争《せんそう》で学友《がくゆう》を失《うしな》う中《なか》、現実《げんじつ》の凄惨《せいさん》さと自己《じこ》の小女性《しょうじょせい》の狭間《はざま》で主人公《しゅじんこう》のサンが生《い》きのびようとする。

言《い》ってました。救《すく》いようのない雰囲《ふんい》気《き》なんですよ。旅行《りょこう》中《ちゅう》一回《いっかい》も、カラッとした青空《あおぞら》がなかったんです。どんよりでべちょべちょ。

――そんな収容所《しゅうようじょ》でも不自然《ふしぜん》なほど明《あか》るくふるまう、『アノネ、』の花子《はなこ》はある意味《いみ》、相当《そうとう》な現実逃避《げんじつとうひ》ですね。

最後《さいご》はどうしようもなく現実《げんじつ》を突《つ》きつけられるわけですが。現地《げんち》を見《み》たときは、これを漫画《まんが》にしていいのかと思《おも》い、責任《せきにん》の重《おも》さを感《かん》じました。

――『ぱらいそ』では長崎《ながさき》の原爆《げんばく》を軸《じく》に、少女《しょうじょ》が生《い》きていくうちに重《かさ》ねる罪《つみ》と戦争《せんそう》の罪《つみ》が描《えが》かれます。

良《よ》いところも悪《わる》いところも背負《せお》って生《い》きていく、全部《ぜんぶ》を描《えが》いてあげたかった。それが生《い》きるということだから。そうした物語《ものがたり》を描《えが》いている自《じ》分《ぶん》も、史実《しじつ》をねじまげてフィクションにしている葛藤《かっとう》があるのです。でも描《えが》く。描《えが》くのをやめたら白《しろ》くなってしまう。

――作中《さくちゅう》でも、“白《しろ》”は大《おお》きな意味《いみ》を持《も》っているように見《み》えますが、生《い》きるのをやめるのが白《しろ》のイメージということでしょうか。原爆《げんばく》の爆発《ばくはつ》の閃《せん》光《こう》とかも。

白《しろ》い光《ひかり》は死《し》の瞬間《しゅんかん》のイメージでもあります。臨死体験者《りんしたいけんしゃ》が言《い》うには、白《しろ》からいろいろな赤《あか》や緑《みどり》などの色《いろ》の世界《せかい》を経《へ》てこちらの世界《せかい》にもどってくるそうです。

――今後《こんご》も戦争《せんそう》というシチュエーションで、描《か》き続《つづ》けるのでしょうか。

描《か》いても描《か》いても終《お》わらないテーマだと思《おも》っています。自分《じぶん》の中《なか》で、戦争《せんそう》とは何《なに》かという答《こた》えは見《み》つけられていない。毎回《まいかい》描《か》くたびに、そういえばこういう考《かんが》えもあるなとかいろいろ浮《う》かびます。今《いま》の世相《せそう》にも影響《えいきょう》されて、すごくゆれ動《うご》くのです。だから、作品《さくひん》ごとに思《おも》うところはちがっていて、たとえば『cocoon《コクーン》』を描《か》いたときと今《いま》では、世間《せけん》の雰囲《ふんい》気《き》もやはりちがっていて、そこで生《い》きている私《わたし》自身《じしん》も変《か》わっているわけです。ですから、今《いま》の自《じ》分《ぶん》なら何《なに》を描《か》くのかと思《おも》いながらちがうアプローチや内容《ないよう》で描《か》くのだろうと思います。

『cocoon《コクーン》』のときは、「若《わか》い子《こ》がわざわざ昔《むかし》の戦争《せんそう》でおこったことを掘《ほ》りおこして描《か》いていてえらいねぇ」みたいに言《い》われましたが、最《さい》近《きん》は、「これは未来《みらい》の日本《にほん》でおこりえる戦争《せんそう》を描《か》いているのではないか？」みたいに解釈《かいしゃく》する人《ひと》が増《ふ》えてきたように感《かん》じます。

――そうすると、人々《ひとびと》の心《こころ》のイメージとしては戦争《せんそう》に近《ちか》づきつつあると感《かん》じている人《ひと》が増《ふ》えているということなのでしょうか。

そういう意見《いけん》や言葉《ことば》はよく聞《き》こえてくるようになった気《き》がします。『cocoon《コクーン》』を描《か》いたころはそういう意見《いけん》は少《すく》なくて、昔《むかし》の第二次世《だいにじせ》界大戦《かいたいせん》の出来事《できごと》をやはり思《おも》いうかべて読《よ》んでいただいていたわけですが、最近《さいきん》は、今《いま》の状況《じょうきょう》に照《て》らしてみるというか。戦争《せんそう》それ自体《じたい》は知《し》らないけれど、戦争《せんそう》はおこりえるのだという風《ふう》に感《かん》じていて、戦争《せんそう》って何《なん》だろうという答《こた》えをもとめて私《わたし》の漫画《まんが》とかを読《よ》んでいる方《かた》もいらっしゃるように感《かん》じています。何《なに》か恐《おそ》ろしいことがおこるかもしれない、というイメージをみんなで探《さぐ》っている気《き》がしますね。

――『いちご戦争《せんそう》』も戦場《せんじょう》を描《えが》いていませんが「戦争《せんそう》」を感《かん》じます。自《じ》分《ぶん》たちが肌身《はだみ》で感《かん》じる危機《きき》感《かん》を勝手《かって》に投影《とうえい》して、『いちご戦争《せんそう》』の誌面《しめん》に危機感《ききかん》の答《こた》えをもとめているのかもしれません。

私自身《わたしじしん》、なぜずっと戦争《せんそう》が気《き》になるのかはわからないのです。しかし、気《き》になる以上《いじょう》、メモ代《が》わりに、イメージをちゃんと残《のこ》していかなくてはという思《おも》いがあります。10年後《ねんご》の自分《じぶん》がこれを見《み》たときに、きっと何《なに》か意味《いみ》や理由《りゆう》を見出《みいだ》すことができるのではと。最初《さいしょ》は沖縄《おきなわ》出身《しゅっしん》の編集《へんしゅう》の方《かた》から沖縄戦《おきなわせん》を描《か》いてみないか、みたいな自分《じぶん》の外《そと》からの提案《ていあん》がきっかけだったんです。でも、その後《あと》も戦《せん》争《そう》を描《か》き続《つづ》けている。だからきっと、戦争《せんそう》を描《か》き続《つづ》けることには意味《いみ》があると、後《あと》から見《み》れば何《なに》かが見《み》つけられると思《おも》うんです。

――自分《じぶん》の視点《してん》や思《おも》いを記録《きろく》しておくことは、自身《じしん》にとっても大事《だいじ》なことなのですね。では最後《さいご》に今後《こんご》の描《か》いてみたいテーマは？

どうしても、今《いま》までは少女《しょうじょ》と戦争《せんそう》だったんですが、今後《こんご》は大人《おとな》の女性《じょせい》の戦争《せんそう》を描《か》いてみたいです。

「なぜ？ なぜおれが生《い》きなければならない？」「あなたに生《い》きる権利《けんり》があるからよ」

永遠《えいえん》の命《いのち》は求《もと》めても手《て》に入《はい》らないが それでも人《ひと》は命《いのち》に執着《しゅうちゃく》する。

日本《にほん》がまだ、文字《もじ》を持《も》っていなかった昔《むかし》、現在《げんざい》の九州《きゅうしゅう》あたりにある小国《しょうこく》クマソの国《くに》にひとりの異国《いこく》の若者《わかもの》が漂着《ひょうちゃく》します。彼《かれ》の名《な》はグズリ。職業《しょくぎょう》は医者《いしゃ》だと名《な》のります。彼《かれ》は病《やまい》にかかった村《むら》の娘《むすめ》ヒナクを治《なお》し、彼女《かのじょ》と恋《こい》に落《お》ちクマソの国人《くにびと》になります。しかし実《じつ》はグズリは大国《たいこく》ヤマタイ国《こく》のスパイでした。グズリの手引《てび》きによりクマソの国《くに》はほろぼされてしまいます。

ヒナクを愛《あい》してしまったグズリは、ヒナクを連《つ》れてヤマタイ国《こく》の軍《ぐん》から逃《のが》れますが、その結果《けっか》両方《りょうほう》の国《くに》から裏切《うらぎ》り者《もの》になってしまいました。

その後《ご》ふたりは火《ひ》の鳥《とり》が住《す》んでいる火山《かざん》

◀力《ちから》がつきそうになったタケルの心《こころ》に声《こえ》が聞《き》こえた。

の近《ちか》くにかくれ住《す》み、火《ひ》の鳥《とり》の生《い》き血《ち》をねらい続《つづ》けます。それは火《ひ》の鳥《とり》の生《い》き血《ち》を飲《の》むと永遠《えいえん》の命《いのち》が手《て》に入《はい》るという言《い》い伝《つた》えがあったからです。ヤマタイ国《こく》の女王《じょおう》・ヒミコも火《ひ》の鳥《とり》をねらって軍《ぐん》を火《ひ》の山《やま》に派遣《はけん》します。そんなとき、火《ひ》の山《やま》が噴火《ふんか》します。

タケルは高《たか》い崖《がけ》をよじ登《のぼ》って外《そと》の世界《せかい》をめざした。

噴火《ふんか》の衝撃《しょうげき》からなんとか逃《のが》れたふたりと山《やま》の動物《どうぶつ》たちでしたが、地下《ちか》の洞窟《どうくつ》に生《い》き埋《う》めになってしまいます。彼《かれ》らは協力《きょうりょく》して土《つち》を掘《ほ》り、なんとかそこから脱出《だっしゅつ》しますが、脱出《だっしゅつ》した場所《ばしょ》は地上《ちじょう》ではなく火山《かざん》の地下《ちか》の深《ふか》いくぼみの底《そこ》でした。そこは崖《がけ》が切《き》り立《た》っていてそれ以上《いじょう》外《そと》に出《で》ていくことはできませんでした。

いったんは絶望《ぜつぼう》するグズリですが、そこには太陽《たいよう》の光《ひかり》が当《あ》たり、植物《しょくぶつ》が育《そだ》つことを発見《はっけん》したことで、その小《ち》さなくぼみの底《そこ》で生《い》きていこうと決意《けつい》します。月日《つきひ》は流《なが》れグズリとヒナクの子《こ》ども達《たち》は何人《なんにん》も生《う》まれ育《そだ》っていきました。

その中《なか》のひとりタケルはそこから外《そと》の世《せ》界《かい》に出《で》ようと決心《けっしん》します。高《たか》い崖《がけ》を上《のぼ》ることに失敗《しっぱい》すれば、落《お》ちて死《し》んでしまいます。それでもタケルは外《そと》の世界《せかい》を見《み》たいと思《おも》いました。彼《かれ》はこの小《ち》さな崖《がけ》の底《そこ》の世界《せかい》でいずれ一族《いちぞく》が死《し》んでいくより、外《そと》の世界《せかい》で命《いのち》をつないで子《こ》を増《ふ》やし生《い》きたいと思《おも》ったのです。

彼《かれ》の決死《けっし》の挑戦《ちょうせん》が始《はじ》まりました。崖《がけ》は高《たか》く、いくら上《のぼ》っても頂上《ちょうじょう》は遠《とお》く、腕《うで》の力《ちから》もつきてきました。そのとき生命《せいめい》の根源《こんげん》である火《ひ》の鳥《とり》が彼《かれ》に語《かた》りかけます。「生《い》きるのよ!!」と。

卑弥呼《ヒミコ》とは？

卑弥呼《ひみこ》は邪馬台国《やまたいこく》の女王《じょおう》で、長命《ちょうめい》で占《うらな》いや奇跡《きせき》をおこない国《くに》を治《おさ》めていたと『魏志倭人伝《ぎしわじんでん》』という中国《ちゅうごく》の歴史書《れきししょ》に書《か》かれています。弟《おとうと》がいたともいわれています。邪馬台国《やまたいこく》がどこにあったのかという説《せつ》は多々《たた》あり、議《ぎ》論《ろん》が絶《た》えません。この「卑弥呼《ひみこ》」は、ここで紹介《しょうかい》している『火《ひ》の鳥《とり》』に登場《とうじょう》するヤマタイ国《こく》のヒミコのモデルでもあります。

作品《さくひん》紹介《しょうかい》

『火《ひ》の鳥《とり》　黎明編《れいめいへん》』

著《ちょ》：手塚治虫《てづかおさむ》　発行《はっこう》：朝日新聞出版《あさひしんぶんしゅっぱん》

漫画《まんが》の神様《かみさま》、手塚治虫《てづかおさむ》のライフワークともいえる大長編作品《だいちょうへんさくひん》であり代表作《だいひょうさく》。火《ひ》の鳥《とり》という永遠《えいえん》の命《いのち》を持《も》つ生命体《せいめいたい》をめぐる人々《ひとびと》の行動《こうどう》が描《えが》かれていく。時代《じだい》は黎明期《れいめいき》から人類《じんるい》がいなくなった超未来《ちょうみらい》にいたるまで様々《さまざま》。その時代《じだい》に生《い》きる人間《にんげん》や生《い》き物《もの》と火《ひ》の鳥《とり》の関《かか》わりが多様《たよう》なドラマを作《つく》っていく。作品《さくひん》のテーマは生《い》きるとは何《なに》かということ。本作《ほんさく》黎明編《れいめいへん》は、日本古代史《にほんこだいし》に存在《そんざい》したと言《い》われている卑弥呼《ひみこ》の王国《おうこく》とそこに大陸《たいりく》から渡《わた》ってきた高天原《たかまがはら》族《ぞく》の戦《たたか》いの中《なか》から火《ひ》の鳥《とり》の存在《そんざい》を描《えが》き出《だ》していく。

著者《ちょしゃ》プロフィール

手塚治虫《てづかおさむ》

1928年《ねん》（昭和《しょうわ》3年《ねん》）生《う》まれ。虫《むし》プロダクションを設《せつ》立《りつ》し日本初《にほんはつ》、テレビアニメシリーズ『鉄腕《てつわん》アトム』を制《せい》作《さく》、発表《はっぴょう》。『ブラック・ジャック』『三《み》つ目《め》がとおる』『ブッダ』他《ほか》、多数《たすう》の名作《めいさく》を執筆《しっぴつ》。また青年《せいねん》コミック誌《し》上《じょう》でも傑作《けっさく》を多数発表《たすうはっぴょう》、『陽《ひ》だまりの樹《き》』『アドルフに告《つ》ぐ』などを残《のこ》す。デビューから死去《しきょ》まで常《つね》に第一線《だいいっせん》で作《さく》品《ひん》を発表《はっぴょう》し、「マンガの神様《かみさま》」と言《い》われた。

「明日《あす》のためにきょうの屈辱《くつじょく》にたえるのだ。この敗北《はいぼく》はかならずとり返《かえ》せるがまんして逃《に》げよう それが男《おとこ》だぞ」

ガミラス艦隊《かんたい》との冥王星軌道上《めいおうせいきどうじょう》の決戦《けっせん》。

西暦《せいれき》2199年《ねん》、地球《ちきゅう》は、科学力《かがくりょく》の進《すす》んだガミラス星人《せいじん》から隕石《いんせき》を改造《かいぞう》した放射能《ほうしゃのう》爆弾《ばくだん》（遊星爆弾《ゆうせいばくだん》）を大量《たいりょう》に落《お》とされます。放《ほう》射能《しゃのう》に汚染《おせん》された地上《ちじょう》は、人類《じんるい》の住《す》めない場所《ばしょ》になってしまいました。

人類《じんるい》は地下都市《ちかとし》をきずき、逃《に》げこみましたが、地下深《ちかふか》くまで放射能汚染《ほうしゃのうおせん》は広《ひろ》がっていき、人類《じんるい》を滅亡《めつぼう》へと追《お》いつめていきます。

人類《じんるい》はガミラスの宇宙艦隊《うちゅうかんたい》に対抗《たいこう》すべく、残《のこ》った地球《ちきゅう》の宇宙艦隊《うちゅうかんたい》を結集《けっしゅう》し冥王星軌道《めいおうせいきどう》上《じょう》で、最後《さいご》の艦隊決戦《かんたいけっせん》をいどもうとします。ガミラスの宇宙艦隊《うちゅうかんたい》は、地球連合艦隊《ちきゅうれんごうかんたい》の

▶ガミラス艦隊《かんたい》に向《む》かって、突《つ》っこんでいく古代艦長《こだいかんちょう》を止《と》めようとする沖田提督《おきたていとく》。

5倍《ばい》の艦船数《かんせんすう》で、性能《せいのう》も地球《ちきゅう》のものよりはるかに勝《まさ》っていました。戦闘《せんとう》が始《はじ》まってわずかの時間《じかん》で、地球連合艦隊《ちきゅうれんごうかんたい》は司令官《しれいかん》の沖《おき》田提督《たていとく》の艦《かん》と古代艦長《こだいかんちょう》の駆逐艦《くちくかん》「ゆきかぜ」を残《のこ》すだけになってしまいました。

この敗北《はいぼく》はかならずとり返《かえ》せる。

沖田提督《おきたていとく》は古代艦長《こだいかんちょう》に言《い》います。「このままでは全滅《ぜんめつ》だ。撤退《てったい》しよう!!」と。それに対《たい》し、古代艦長《こだいかんちょう》は反論《はんろん》します。「いま逃《に》げだしたら戦《たたか》って死《し》んだ友《とも》だちになんというのです」

それに対《たい》して沖田提督《おきたていとく》は「(ここで)全滅《ぜんめつ》したらこのあと地球《ちきゅう》をだれが守《まも》るんだ。明日《あす》のためにきょうの屈辱《くつじょく》にたえるのだ　この敗北《はいぼく》はかならずとり返《かえ》せる　がまんして逃《に》げようそれが男《おとこ》だぞ」と古代艦長《こだいかんちょう》をさとします。

しかし古代《こだい》は「戦《たたか》って戦《たたか》って戦《たたか》いぬいてかなわなくとも　一《いっ》せきでもガミラス艦《かん》を道《みち》ずれにして死《し》んでやります　それが男《おとこ》だとぼくは思《おも》います」と言《い》いはなちます。

そう言《い》った後《のち》、古代《こだい》の艦《かん》は敵《てき》のなかに突《つ》っこんでいき、敵艦《てきかん》に体当《たいあ》たりして撃沈《げきちん》します。沖田《おきた》は「古代《こだい》!!　死《し》ぬなよ!!」と最《さい》後《ご》のことばをかけて、戦場《せんじょう》を後《あと》に歯《は》を食《く》いしばって地球《ちきゅう》に撤退《てったい》していくのです。

古代艦長《こだいかんちょう》の勇気《ゆうき》はまねができないものでした。しかしそれよりも、どんなときでも希望《きぼう》を捨《す》てず、あきらめないで生《い》き残《のこ》ってチャンスをつないでいく沖田提《おきたてい》督《とく》の態度《たいど》はもっとりっぱなものでした。そんな心《こころ》がまえがなければ、逆境《ぎゃっきょう》に立《た》ったときそれを挽回《ばんかい》して生《い》きのびていくことはできません。決《けっ》してあきらめない強《つよ》い心《こころ》を持《も》つことを、『宇《う》宙戦艦《ちゅうせんかん》ヤマト』という作品《さくひん》が教《おし》えてくれます。

▲古代艦長《こだいかんちょう》は、死《し》んでいった友人《ゆうじん》たちのために、逃《に》げることよりも、死《し》を覚悟《かくご》して敵艦《てきかん》に体当《たいあ》たりすることを選《えら》んだ。

作品《さくひん》紹介《しょうかい》

『宇宙戦艦《うちゅうせんかん》ヤマト』

著《ちょ》：松本零士《まつもとれいじ》　発行《はっこう》：秋田書店《あきたしょてん》

西暦《せいれき》2199年《ねん》、地球《ちきゅう》は宇宙《うちゅう》のかなたからやってきた、人類《じんるい》よりも科学《かがく》の進《すす》んだ星《ほし》、ガミラスからの攻撃《こうげき》を受《う》けます。

彼《かれ》らの目的《もくてき》は星《ほし》の寿命《じゅみょう》がつきようとしているガミラスの母《ぼ》星《せい》から地球《ちきゅう》への移民《いみん》でした。そのために地球《ちきゅう》の人類《じんるい》は滅亡《めつぼう》に追《お》いやられていきます。

その地球《ちきゅう》に救《すく》いの手《て》をさしのべたマゼラン星雲《せいうん》のイスカンダル星《せい》の女王《じょおう》は、地球《ちきゅう》を汚染《おせん》させた放射能《ほうしゃのう》を除去《じょきょ》する機械《きかい》を地球人類《ちきゅうじんるい》にわたそうとメッセージを送《おく》ってきます。

宇宙戦艦《うちゅうせんかん》ヤマトはその機械《きかい》を受《う》け取《と》るために、人類生存《じんるいせいぞん》のサバイバルをかけてマゼラン星雲《せいうん》に長《なが》い旅《たび》に出《で》ます。

著者《ちょしゃ》プロフィール

松本零士《まつもとれいじ》

1938年《ねん》福岡県生《ふくおかけんう》まれ。代表作《だいひょうさく》『宇宙戦艦《うちゅうせんかん》ヤマト』『銀《ぎん》河鉄道《がてつどう》999』『キャプテンハーロック』『ザ・コクピット』『ガンフロンティア』『光速《こうそく》エスパー』『千年女王《せんねんじょおう》』『男《おとこ》おいどん』『聖凡人伝《せいぼんじんでん》』ほか多数《たすう》。

「山《やま》は自分《じぶん》の責任《せきにん》において登《のぼ》るもんだ」

富山県警《とやまけんけい》で山岳警備隊《さんがくけいびたい》が結成《けっせい》されて3年《ねん》、登山技術《とざんぎじゅつ》の未熟《みじゅく》な者《もの》ばかりだった隊員《たいいん》たちは、〝伝説《でんせつ》〟と形容《けいよう》されるほど経験豊富《けいけんほうふ》な民間人山岳《みんかんじんさんがく》ガイドたちにきたえられ、ようやく山《やま》になじみはじめていました。そんな中《なか》、高校《こうこう》で山岳部《さんがくぶ》に所属《しょぞく》し、体力《たいりょく》、登山技術《とざんぎじゅつ》に自信《じしん》を持《も》つ、椙田正《すぎたただし》が入隊《にゅうたい》します。

彼《かれ》は訓練中《くんれんちゅう》、剱岳《つるぎだけ》の現地《げんち》で長《なが》い登山経験《とざんけいけん》を持《も》つガイドのリーダー佐伯栄治《さえきえいじ》からの「坊《ぼう》や」あつかいに反発《はんぱつ》し、山頂《さんちょう》までの登山競争《とざんきょうそう》をいどみます。しかし、あっけなく負《ま》けてしまうのでした。雪山《ゆきやま》に対《たい》する経験《けいけん》の差《さ》が決定的《けっていてき》に勝敗《しょうはい》をわけたのです。

その後《ご》、彼《かれ》は経験者《けいけんしゃ》に素直《すなお》につきしたがい山岳活動《さんがくかつどう》の訓練《くんれん》を重《かさ》ねていきます。「経験《けいけん》を積《つ》む」とは、「わかる」と「どうする」を結《むす》びつける体験《たいけん》を重《かさ》ねていくことです。どんな困難《こんなん》に対《たい》しても素早《すばや》く適切《てきせつ》な行動《こうどう》をとるには、そのことに関《かん》する知識《ちしき》を先人《せんじん》から学《まな》び経験《けいけん》を積《つ》み重《かさ》ねることが重要《じゅうよう》なのです。

山岳警備隊員《さんがくけいびたいいん》たちは、経験豊《けいけんほう》富《ふ》な山岳《さんがく》ガイドですら命《いのち》を落《お》とすほど恐《おそ》ろしい、雪庇《せつび》※の踏《ふ》みぬき事故《じこ》などもまのあたりにし、身《み》をもってその怖《こわ》さを知《し》ることでさらに成長《せいちょう》していきました。

※雪庇《せつび》：尾根伝《おねづた》いに風《かぜ》に流《なが》されて降《ふ》る雪《ゆ》が庇《ひさし》の形《かたち》に積《つも》り、下《した》に地面《じめん》のない雪《ゆき》だけの道《みち》ができる。それをさします。

牙をむく自然の脅威
死と隣り合わせの毎日――……
それでも俺たちはこの山に登る！
多くの人命を救うために……!!
第1章
生命の保証のない任務

▲死《し》と隣《とな》り合《あ》わせの猛吹雪《もうふぶき》の中《なか》、剱岳一帯《つるぎだけいったい》で、遭難者《そうなんしゃ》の救助《きゅうじょ》に当《あ》たる山岳警備隊《さんがくけいびたい》の隊員《たいいん》たち。

「それでも俺《おれ》たちはこの山《やま》に登《のぼ》る！多《おお》くの人命《じんめい》を救《すく》うために……!!」

「今日《きょう》のために訓練《くんれん》してきたんじゃないか！　俺《おれ》たちが行《い》かないでどうする!?」

1969年、1月《がつ》1日《にち》、暮《く》れまで続《つづ》いた好天《こうてん》から一転《いってん》、富山県警《とやまけんけい》の管内《かんない》は豪雪《ごうせつ》にみまわれ、剱岳《つるぎだけ》一帯《いったい》で15パーティー81名《めい》がほぼ同時《どうじ》に遭難《そうなん》する「剱岳大量遭難事故《つるぎだけたいりょうそうなんじこ》」が発生《はっせい》します。猛烈《もうれつ》な吹雪《ふぶき》の続《つづ》く中《なか》、山岳警《さんがくけい》備隊《びたい》は総動員《そうどういん》で救出活動《きゅうしゅつかつどう》を始《はじ》めます。また、各地《かくち》からの多《おお》くの山男《やまおとこ》たちが集《あつ》まり、地元《じもと》山岳《さんがく》ガイドとともに救助隊《きゅうじょたい》に合流《ごうりゅう》します。

しかし5日《か》になっても天候《てんこう》は回復《かいふく》せず救《きゅう》助活動《じょかつどう》は難航《なんこう》しました。そして6日《か》、ついにおそれていた二次遭難《にじそうなん》がおきてしまいます。ベテランガイドのひとりが雪庇《せっぴ》を踏《ふ》みぬき滑落《かつらく》したのです。隊《たい》を指導《しどう》してきた佐《さ》伯栄治《えきえいじ》ら地元協力者《じもときょうりょくしゃ》たちは、なんとか救出《きゅうしゅつ》には成功《せいこう》したものの、回復《かいふく》しない天候《てんこう》をみて遭難者《そうなんしゃ》とともに下山《げざん》を決《き》めます。

山岳警備隊員《さんがくけいびたいいん》たちはついに自分《じぶん》たちの実力《じつりょく》だけで極限状態《きょくげんじょうたい》での救助活動《きゅうじょかつどう》をしなくてはならなくなりました。はげましあい不安《ふあん》に打《う》ち勝《か》ち実力《じつりょく》を発揮《はっき》しなくてはなりません。

しかしこの状況《じょうきょう》は大《おお》きく報道《ほうどう》され、全国《ぜんこく》からサポート活動《かつどう》にかけつけた協力者《きょうりょくしゃ》は約《やく》3千人《ぜんにん》にも達《たっ》し、補給路《ほきゅうろ》の確保《かくほ》などにあたりました。1月《がつ》9日《か》ついに天候《てんこう》が回復《かいふく》します。62名《めい》が救出《きゅうしゅつ》されましたが、死亡《しぼう》6名《めい》、行方不明《ゆくえふめい》も13名《めい》を数《かぞ》える結果《けっか》となり、13日《にち》には捜査《そうさ》が一旦終了《いったんしゅうりょう》します。

いつかあなたにも自分《じぶん》の考《かんが》えと技能《ぎのう》をたよりに、困難《こんなん》を乗《の》りこえなければならないときがきます。「今日《きょう》、このために学《まな》んできた」というときのために、さまざまな経験《けいけん》を重《かさ》ね、生《い》きる力《ちから》をのばしていきましょう。

山岳警備隊《さんがくけいびたい》とは？

各山岳地域《かくさんがくちいき》の警察《けいさつ》におかれる、遭難者《そうなんしゃ》の救助《きゅうじょ》や、入山届《にゅうざんとど》けの受理《じゅり》、遭難防止《そうなんぼうし》の啓蒙《けいもう》、登山《とざん》道《どう》のパトロールなど、登山《とざん》の安《あん》全《ぜん》に関《かん》する業務《ぎょうむ》をおこなう部隊《ぶたい》のことです。

主《おも》に、各県《かくけん》の警察本部生活安《けいさつほんぶせいかつあん》全部《ぜんぶ》に属《ぞく》し、登山道《とざんどう》のパトロールなどの通常業務《つうじょうぎょうむ》や、厳《きび》しい訓《くん》練《れん》にあたりますが、それ以外《いがい》の時間《じかん》は、山《やま》をおりて普通《ふつう》の警察《けいさつ》官《かん》として働《はたら》きます。

そして、ひとたび管内《かんない》の山中《さんちゅう》で事故《じこ》がおきた場合《ばあい》、隊員《たいいん》は非《ひ》常招集《じょうしょうしゅう》され遭難者《そうなんしゃ》の救出《きゅうしゅつ》に出動《しゅつどう》するのです。

作品《さくひん》紹介《しょうかい》

『プロジェクトX 挑戦者《ちょうせんしゃ》たち 魔《ま》の山大遭難《やまだいそうなん》　決死《けっし》の救出劇《きゅうしゅつげき》』

作画《さくが》・脚本《きゃくほん》：こやす珠世《たまよ》　原作《げんさく》・監修《かんしゅう》：NHK　プロジェクトX制作班《せいさくはん》　発行《はっこう》：宙出版《おおぞらしゅっぱん》

ＮＨＫスペシャル『プロジェクトＸ　挑戦者《ちょうせんしゃ》たち　魔《ま》の山《やま》大遭難《だいそうなん》　決死《けっし》の救出劇《きゅうしゅつげき》』をベースに漫画化《まんがか》した作品《さくひん》。

1963年《ねん》、北《きた》アルプス薬師岳《やくしだけ》で愛知大学山岳部《あいちだいがくさんがくぶ》のパーティが遭難《そうなん》、13人全員《にんぜんいん》が死亡《しぼう》する事件《じけん》がおきた。

この事件《じけん》をきっかけに、1965年《ねん》に富山県警《とやまけんけい》で山岳警備隊《さんがくけいびたい》が発足《ほっそく》されるが、このとき隊員《たいいん》は素人同然《しろうとどうぜん》だった。

現場指揮官《げんばしきかん》の伊藤《いとう》は剱岳《つるぎだけ》のガイドたちに教育《きょういく》を依頼《いらい》し、彼《かれ》らとともに隊員《たいいん》をきたえていく。そして、4年後《ねんご》の1969年《ねん》、豪雪《ごうせつ》による「剱岳大量遭難事故《つるぎだけたいりょうそうなんじこ》」が発生《はっせい》する。

著者《ちょしゃ》プロフィール

こやす珠世《たまよ》

1990年《ねん》に『むかい風《かぜ》』シリーズでデビュー。代表作《だいひょうさく》は『ＨＡＮＡＧＡＴＡ －松丸竜之介一代記《まつまるりゅうのすけいちだいき》－』、『病室《びょうしつ》で念仏《ねんぶつ》を唱《とな》えないでください』などがある。テレビドラマ『相棒《あいぼう》』の漫画化作品《まんがかさくひん》、学習《がくしゅう》まんが作品《さくひん》なども数多《かずおお》く手《て》がけている。

「知《し》らなかったじゃ済《す》まないから

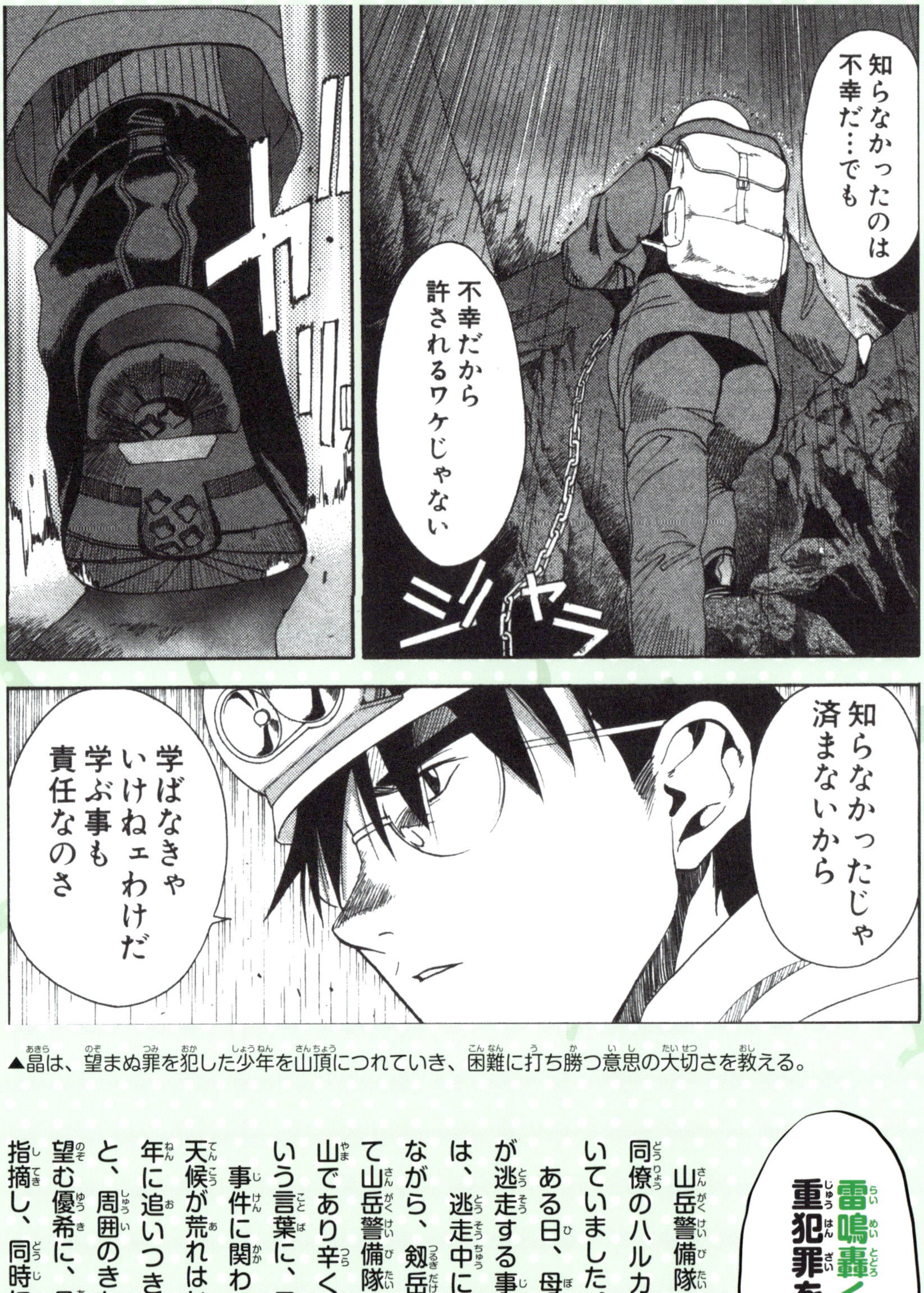

▲晶《あきら》は、望《のぞ》まぬ罪《つみ》を犯《おか》した少年《しょうねん》を山頂《さんちょう》につれていき、困難《こんなん》に打《う》ち勝《か》つ意思《いし》の大切《たいせつ》さを教《おし》える。

雷鳴《らいめい》轟《とどろ》く危険《きけん》な山《やま》で、重犯罪《じゅうはんざい》を犯《おか》した少年《しょうねん》を追《お》う。

山岳《さんがく》警備隊《けいびたい》に所属《しょぞく》する主人公《しゅじんこう》の加賀《かが》晶《あきら》は、同僚《どうりょう》のハルカとともに地上《ちじょう》勤務《きんむ》の当番《とうばん》についていました。

ある日《ひ》、母子《ぼし》家庭《かてい》の母親《ははおや》を刺殺《しさつ》した少年《しょうねん》が逃走《とうそう》する事件《じけん》がおきます。少年《しょうねん》、巴《ともえ》優希《ゆうき》は、逃走中《とうそうちゅう》に幼児《ようじ》を誘拐《ゆうかい》するなど罪《つみ》を重《かさ》ねながら、剱岳《つるぎだけ》に向《む》かいます。少年《しょうねん》は、かつて山岳《さんがく》警備《けいび》隊員《たいいん》に言《い》われた、「剱岳《つるぎだけ》は復活《ふっかつ》の山《やま》であり辛《つら》くなったら自分《じぶん》の元《もと》に来《こ》い」という言葉《ことば》に、最後《さいご》の希望《きぼう》をたくしたのです。

事件《じけん》に関《かか》わることとなった晶《あきら》とハルカは、天候《てんこう》が荒《あ》れはじめた剱岳《つるぎだけ》へ向《む》かい、山中《さんちゅう》で少《しょう》年《ねん》に追《お》いつきます。これまでの不幸《ふこう》な人生《じんせい》と、周囲《しゅうい》のきたない大人《おとな》たちに絶望《ぜつぼう》し、死《し》を望《のぞ》む優希《ゆうき》に、晶《あきら》は優希《ゆうき》の甘《あま》えた考《かんが》えを厳《きび》しく指摘《してき》し、同時《どうじ》に再起《さいき》への道筋《みちすじ》を示《しめ》すのです。

山靴《やまぐつ》よ疾走《はし》れ！

学《まな》ばなきゃいけねエわけだ
学《まな》ぶ事《こと》も責任《せきにん》なのさ」

無知《むち》が奪《うば》った母親《ははおや》の命《いのち》。

主人公《しゅじんこう》の晶《あきら》は、少年《しょうねん》の心情《しんじょう》をくんで、更生《こうせい》させるため、剱岳《つるぎだけ》の山頂《さんちょう》に連《つ》れて行《い》きます。道中《どうちゅう》、少年《しょうねん》がアルコール中毒《ちゅうどく》の母親《ははおや》に、呼吸困難《こきゅうこんなん》を誘発《ゆうはつ》することを知《し》らずに酒量抑制剤《しゅりょうよくせいざい》を飲《の》ませてしまったという悲劇《ひげき》を聞《き》き、晶《あきら》は「知《し》らなかったのは不幸《ふこう》だ…でも　不幸《ふこう》だから許《ゆる》されるワケじゃない」と、不幸《ふこう》を呼《よ》ばないためには、学《まな》ぶことが大切《たいせつ》であると教《おし》えます。そして、命《いのち》の危険《きけん》をかえりみず、助《たす》けに来《き》た自分《じぶん》たちや、心配《しんぱい》する友人《ゆうじん》の存在《そんざい》を告《つ》げ、見捨《みす》てる他人《たにん》ばかりではないことを示《しめ》します。

晶《あきら》は少年《しょうねん》に、知識《ちしき》を深《ふか》め、困難《こんなん》を乗《の》りこえる意志《いし》こそが、生《う》まれ変《か》わるただひとつの道《みち》だと教《おし》えたのです。山《やま》は逃《に》げる場所《ばしょ》ではなく、困難《こんなん》に打《う》ち勝《か》つ意志《いし》を得《え》る場《ば》なのです。

剱岳《つるぎだけ》とは？

北《きた》アルプスとも呼《よ》ばれる飛騨山脈《ひださんみゃく》の北部《ほくぶ》、標高約《ひょうこうやく》2,999メートルの山岳《さんがく》のことです。登山《とざん》に関《かん》して、国内《こくない》でもっとも危険度《きけんど》の高《たか》い山《やま》とされています。剱岳《つるぎだけ》は氷河《ひょうが》によって削《けず》りとられてできた山《やま》です。日本《にほん》では珍《めずら》しい現在《げんざい》でも氷河《ひょうが》が残《のこ》る美《うつく》しい山《やま》で、夏《なつ》でもそこまで暑《あつ》くならないため、天然記念物《てんねんきねんぶつ》のライチョウが生息《せいそく》しています。

また、古《ふる》くから山岳信仰《さんがくしんこう》の対象《たいしょう》ともなってきました。19人《にん》が犠牲《ぎせい》となった1969年《ねん》1月《がつ》の剱岳大量遭難事故《つるぎだけたいりょうそうなんじこ》（※12～13ページ参照《さんしょう》）以降《いこう》、県《けん》や警察《けいさつ》による指導《しどう》、警備《けいび》が強化《きょうか》されていますが、毎年《まいとし》のように遭難者《そうなんしゃ》が発生《はっせい》しつづけています。それでもなお、人々《ひとびと》をひきつけてやまない魅力《みりょく》が剱岳《つるぎだけ》にはあるのです。

作品《さくひん》紹介《しょうかい》

『山靴《やまぐつ》よ疾走《はし》れ!!』

著《ちょ》：紅林直《くればやしなお》　原作《げんさく》：生田正《いくたただし》　発行《はっこう》：集英社《しゅうえいしゃ》

主人公《しゅじんこう》の加賀晶《かがあきら》は、北アルプス剱岳《つるぎだけ》での遭難《そうなん》、そして、救出《きゅうしゅつ》に来《き》た新人女性山岳警備隊員《しんじんじょせいさんがくけいびたいいん》の嘉門《かもん》ハルカとの出会《であ》いをきっかけに、医師《いし》への道《みち》を捨《す》て、山岳警備隊員《さんがくけいびたいいん》を目指《めざ》す。

数年後《すうねんご》、彼《かれ》は富山県警《とやまけんけい》の山岳警備隊《さんがくけいびたい》に配属《はいぞく》されるが、配属直後《はいぞくちょくご》、恩人《おんじん》のハルカが二重遭難《にじゅうそうなん》にあう。けがを負《お》ったハルカを助《たす》け、劇的《げきてき》な再会《さいかい》をとげた数週間後《すうしゅうかんご》、晶《あきら》たちは地上勤務《ちじょうきんむ》の当番《とうばん》につき普通《ふつう》の警官《けいかん》として働《はたら》いていた。そんなとき、管内《かんない》で少年《しょうねん》が母親《ははおや》を刺殺《しさつ》して、さらには幼児誘拐《ようじゆうかい》をたくらみ、剱岳《つるぎだけ》へ逃亡《とうぼう》する事件《じけん》が発生《はっせい》する。

著者《ちょしゃ》プロフィール

紅林直《くればやしなお》
1972年《ねん》生《う》まれ。静岡県出身《しずおかけんしゅっしん》。1990年《ねん》に「週刊少年《しゅうかんしょうねん》サンデー増刊号《ぞうかんごう》」掲載《けいさい》の『ボーイッシュ』にてデビュー。代表作《だいひょうさく》に、『フォーチュン』、佐藤賢一《さとうけんいち》原作《げんさく》の『かの名《な》はポンパドール』などがある。

生田正《いくたただし》
代表作《だいひょうさく》に、『ハートボイルドパパ』『喧嘩組《けんかぐみ》』などがある。

「百万《ひゃくまん》の絶望《ぜつぼう》だって、一《ひと》つの希望《きぼう》にかないっこありませんよ！ あきらめてはだめです!!」

困難《こんなん》に立《た》ち向《む》かうには、壁《かべ》を越《こ》えようとする意志《いし》と、状況判断《じょうきょうはんだん》の冷静《れいせい》さ、どちらもが必要《ひつよう》だ。

近未来《きんみらい》の宇宙時代《うちゅうじだい》を描《えが》いた作品《さくひん》。月面基地《げつめんきち》へ向《む》かったスペースシャトル「サラトガ」は、メインエンジンが暴走《ぼうそう》、月《つき》に衝突《しょうとつ》する危機《きき》におちいります。なんとか回避《かいひ》できたものの、今度《こんど》は22日後《にちご》に太陽《たいよう》に墜落《ついらく》するコースに乗《の》ってしまいます。乗組員《のりくみいん》たちは絶望《ぜつぼう》しかけますが、船長《せんちょう》カール・シュナイダー大佐《たいさ》は「あきらめてはだめです!!」とみんなをはげまします。

絶望的《ぜつぼうてき》な状況《じょうきょう》におちいったときに、冷静《れいせい》に対策《たいさく》を考《かんが》えることはとても困難《こんなん》です。特《とく》にチーム戦《せん》においてはリーダーが希望《きぼう》を持《も》って困難《こんなん》をのりこえる意志《いし》を明確《めいかく》にすることが大事《だいじ》です。

◀このままでは太陽《たいよう》の巨大《きょだい》な重力《じゅうりょく》に引《ひ》きずりこまれる！ 希望《きぼう》を信《しん》じつづける心《こころ》にこたえたのは、新世代《しんせだい》の子《こ》どもたちだった。

パスカル・シティ

「特別《とく べつ》なもの」はやがて「当《あ》たり前《まえ》のもの」になっていく。

地球側《ち きゅうがわ》では救出計画《きゅうしゅつけい かく》を立《た》て実行《じっ こう》しますが、ほんのわずかな不都合《ふ つ ごう》によって失敗《しっ ぱい》、シャトルは絶望的状況《ぜつ ぼう てき じょうきょう》になります。

しかし、船長《せん ちょう》の息子《むす こ》ヒカル・シュナイダーをはじめ子《こ》どもたちは希望《き ぼう》を捨《す》てず救助《きゅう じょ》をあきらめませんでした。あろうことか旧式《きゅう しき》のシャトルをうばった子《こ》どもたちは、未体《み たい》験《けん》の宇宙空間《う ちゅう くう かん》での行動《こう どう》を、自然体《し ぜん たい》でこなし、いくつもの困難《こん なん》をのりこえ、ついに地球《ち きゅう》への帰還《き かん》に成功《せい こう》します。宇宙《う ちゅう》に出《で》る事《こと》が特別《とく べつ》だった時代《じ だい》は自分《じ ぶん》たちで終《お》わり、次《つぎ》の世代《せ だい》ではそれが当《あ》たり前《まえ》になっていくであろうことを父親《ちち おや》たちは確信《かく しん》するのでした。

私《わたし》たちは今《いま》、自動車《じ どう しゃ》やテレビやスマートフォンなどを日常的《にち じょう てき》に使《つか》っていますが、それらもかつては〝特別《とく べつ》なもの〟でした。科学《か がく》の発展《はっ てん》にともない、やがては普通《ふ つう》に宇宙《う ちゅう》から地球《ち きゅう》を見《み》る世代《せ だい》も登場《とう じょう》するようになるかもしれません。次世代《じ せ だい》を担《にな》うために、新《あたら》しい技術《ぎ じゅつ》や学問《がく もん》を新《あたら》しい感性《かん せい》でしっかりと学《まな》んでいきましょう。

宇宙飛行士《う ちゅう ひ こう し》とは？

宇宙飛行士《う ちゅう ひ こう し》とは、海抜《かい ばつ》100km以上《い じょう》の高《たか》さ、宇宙空間《う ちゅう くう かん》で活動《かつ どう》する訓練《くん れん》を受《う》けた、国家機関《こっ か き かん》などに選《えら》ばれた宇宙船《う ちゅう せん》の搭乗員《とう じょう いん》に与《あた》えられる肩書《かた が》きです。しかし厳密《げん みつ》には国際的《こく さい てき》な定義《てい ぎ》は定《さだ》まっていません。

人類最初《じん るい さい しょ》の有人宇宙飛行士《ゆう じん う ちゅう ひ こう し》は、「地球《ち きゅう》は青《あお》かった」との言葉《こと ば》でも有名《ゆう めい》な、ロシア、当時《とう じ》のソビエト社会主義共和国連邦《しゃ かい しゅ ぎ きょう わ こく れん ぽう》（ソ連《れん》）のユーリ・ガガーリン少佐《しょう さ》で、1961年《ねん》4月《がつ》12日《にち》ボストーク1号《ごう》に搭乗《とう じょう》し、地球周回軌道《ち きゅうしゅう かい き どう》を一周《いっ しゅう》し帰還《き かん》しました。先《さき》をこされたアメリカは大《おお》きな衝撃《しょう げき》を受《う》けますがしかし、おくれること1カ月《げつ》、アラン・シェパードが有人宇宙飛行《ゆう じん う ちゅう ひ こう》を成功《せい こう》させ、アメリカとソ連《れん》の二大国《に たい こく》による競争《きょう そう》が加速《か そく》していくこととなります。

当初《とう しょ》は危険性《き けん せい》から、心技体《しん ぎ たい》かねそなえた軍人《ぐん じん》だけがなれた宇宙飛行士《う ちゅう ひ こう し》も、アメリカのスペースシャトルや、ソ連《れん》のソユーズ宇宙船《う ちゅう せん》などが安定《あん てい》した往還手段《おう かん しゅ だん》を確立《かく りつ》すると、民間人《みん かん じん》も宇宙飛行士《う ちゅう ひ こう し》の肩書《かた が》きを得《え》られるようになり、1990年《ねん》には日本人《に ほん じん》もテレビ局《きょく》の社員《しゃ いん》が宇宙空間《う ちゅう くう かん》からの報道《ほう どう》を成功《せい こう》させました。

著者《ちょ しゃ》プロフィール

新谷《しん たに》かおる

1951年生《ねん う》まれ。『戦場《せん じょう》ロマン』シリーズ、『ファントム無頼《ぶ らい》』（史村翔原作《ふみ むら しょう げん さく》）、『エリア88』『ガッデム』『ふたり鷹《たか》』『クレオパトラDC』『砂《すな》の薔薇《ば ら》』『日《ひ》の丸《まる》あげて』など代表作多数《だい ひょう さく た すう》。

作品紹介《さく ひん しょう かい》

『パスカル・シティ』

著《ちょ》：新谷《しん たに》かおる　発行《はっ こう》：KADOKAWA（MFコミック文庫《ぶん こ》）

アメリカ航空宇宙局《こう くう う ちゅうきょく》(NASA)のスペースシャトル計画《けい かく》が順調《じゅんちょう》に進《すす》み、月面基地《げつ めん き ち》が作《つく》られ、地球衛星軌道上《ち きゅうえい せい き どうじょう》に宇宙《う ちゅう》ステーションが建造中《けん ぞうちゅう》となった時代《じ だい》。次世代型《じ せ だいがた》スペースシャトルが最新《さい しん》の技術《ぎ じゅつ》で秘密裏《ひ みつ り》に設計《せっ けい》、建造《けん ぞう》される。

その試験機《し けん き》『サラトガ』は、シュナイダー大佐《たい さ》を船長《せん ちょう》に、衛星《えい せい》軌道上《き どうじょう》の基地《き ち》から、月面基地《げつ めん き ち》へ試験航海《し けん こう かい》に出《で》る。しかし、原因不《げん いん ふ》明《めい》のトラブルが発生《はっ せい》、メインエンジンが暴走《ぼう そう》し加速《か そく》、月《つき》に衝突《しょう とつ》する軌道《き どう》に乗《の》ってしまう。

父親《ちち おや》たちの絶望的《ぜつ ぼう てき》な状況《じょうきょう》を知《し》らされた船長《せん ちょう》の息子《むす こ》や乗組員《のり くみ いん》の子《こ》どもたちは、救出《きゅうしゅつ》のために大人《おと な》たちが驚《おどろ》く、とてつもない行動《こう どう》に出《で》る。

紫苑《シオン》は嵐《あらし》の夜《よる》にネズミと出会《であ》い 自分《じぶん》の本当《ほんとう》の気持《きも》ちに気《き》づいた。

理想都市《ユートピア》「NO.6《ナンバーシックス》」の高級住宅街《こうきゅうじゅうたくがい》で平穏《へいおん》に育《そだ》った紫苑《シオン》は、成績優秀《せいせきゆうしゅう》で知的好奇心《ちてきこうきしん》が極《きわ》めて強《つよ》くお人好《ひとよ》しのため、傷《きず》ついた謎《なぞ》の逃亡者《とうぼうしゃ》であるネズミを介抱《かいほう》し、かくまってしまいます。

それをきっかけに理想《りそう》の街《まち》だと教《おし》えられた「NO.6《ナンバーシックス》」がニセモノだと感《かん》じるようになります。

ネズミは腕力《わんりょく》に長《た》け、疑《うたぐ》り深《ぶか》く強《つよ》い反逆《はんぎゃく》の精神《せいしん》を持《も》ちながらも義理《ぎり》がたいところもあり、粗暴《そぼう》なようでいて独学《どくがく》で古典文学《こてんぶんがく》や詩《し》を読《よ》み、ロボット工学《こうがく》にも精通《せいつう》していました。

ネズミは紫苑《シオン》にかくまわれた嵐《あらし》の夜《よる》の恩《おん》を忘《わす》れず、4年後《ねんご》、紫苑《シオン》のピンチに救出《きゅうしゅつ》に現《あらわ》れます。紫苑《シオン》は自分《じぶん》の人権《じんけん》を無視《むし》して秩序《ちつじょ》の維持《いじ》を最優先《さいゆうせん》する「NO.6《ナンバーシックス》」の管理体制《かんりたいせい》に恐怖《きょうふ》を感《かん》じますが、自力《じりき》ではどうすることもできませんでした。しかしネズミはちがいました。平然《へいぜん》と治安局《ちあんきょく》の護送車両《ごそうしゃりょう》をおそい、監視網《かんしもう》の目《め》をくぐりぬけて、紫苑《シオン》を自分《じぶん》のアジトに連《つ》れて行《い》きました。

「あの夜《よる》この手《て》で窓《まど》を開《あ》け放《はな》った時《とき》 ぼくは奇《き》跡《せき》を呼《お》びこんだのか」

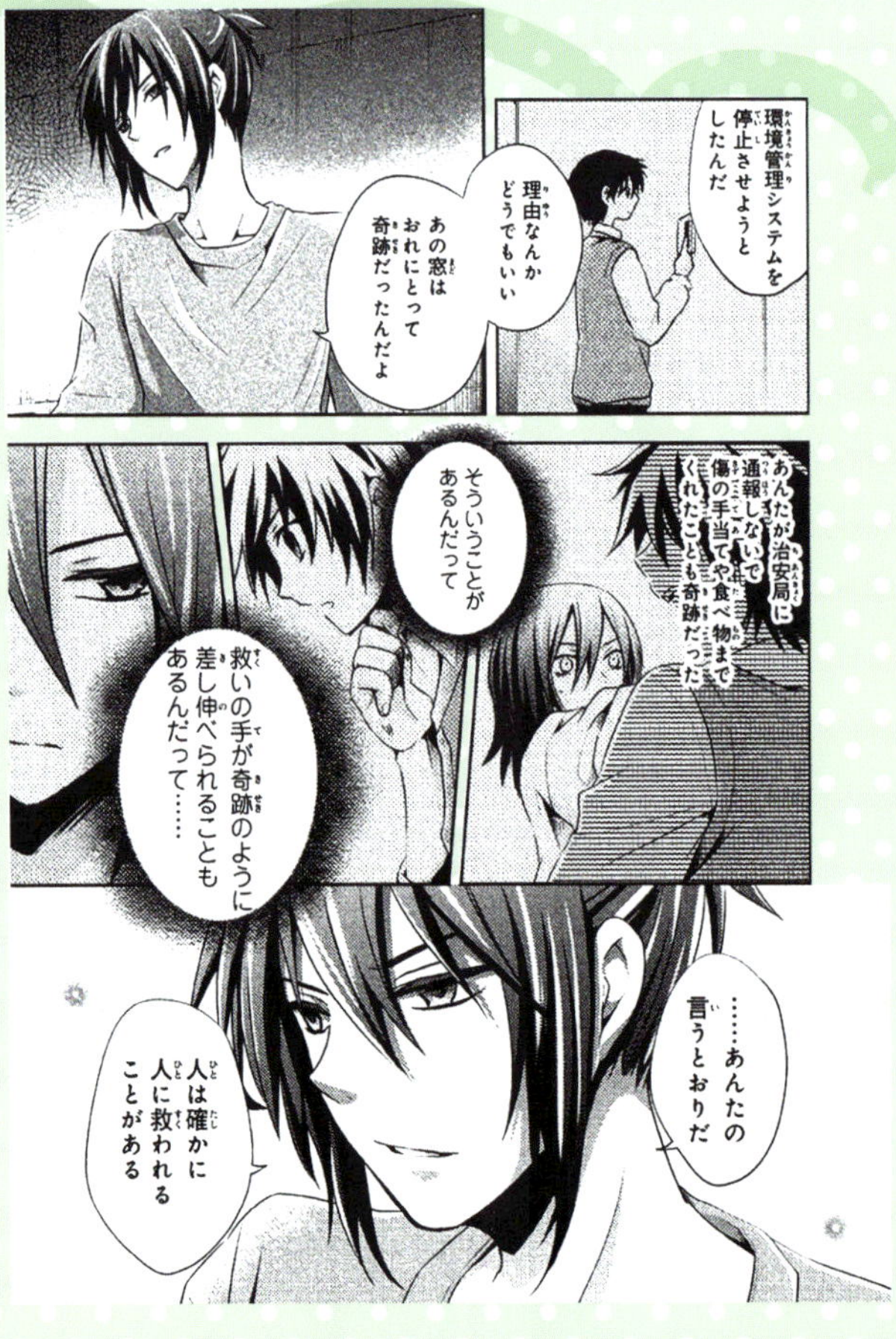

◀生存《せいぞん》すらきびしい環境《かんきょう》の中《なか》で「だれも信《しん》じるな」と教《おし》えられてきたネズミ。彼《かれ》の心《こころ》を変《か》えたのは、紫苑《シオン》のやさしさだった。

人《ひと》を助《たす》けることは、
縁《えん》の繋《つな》がりを深《ふか》めることでもあり
後《のち》の自分《じぶん》の可能性《かのうせい》を開《ひら》く
力《ちから》となりうる。

ネズミに助《たす》けられ「NO.6《ナンバーシックス》」を脱出《だっしゅつ》し、非《ひ》市民《しみん》が暮《く》らす西《にし》ブロックにたどり着《つ》いた紫《シ》苑《オン》でしたが、逃亡《とうぼう》の途中《とちゅう》に見《み》たものは、今《いま》まで知《し》らなかった、汚染《おせん》された、死《し》ととなり合《あ》わせの世界《せかい》でした。ネズミは逃《に》げるのに手段《しゅだん》をえらびませんが、治安局側《ちあんきょくがわ》もネズミたちを、虫《むし》けらのようにあつかいます。

逃亡時《とうぼうじ》に紫苑《シオン》は人食《ひとく》いバチに寄生《きせい》され、死《し》に直面《ちょくめん》するピンチにおちいります。紫《シ》苑《オン》はあまりの苦《くる》しみに死《し》を望《のぞ》みますが、ネズミは「何《なに》も知《し》らないうちに死《し》んでいいのか?」とはげまします。

ネズミはからくも生《い》きのびた紫苑《シオン》に、「NO.6《ナンバーシックス》」へのにくしみを語《かた》り、「人間《にんげん》は人《にん》間《げん》を簡単《かんたん》な理由《りゆう》で殺《ころ》す」と言《い》います。それに対《たい》して紫苑《シオン》は「人《ひと》は人《ひと》を救《すく》うことができる」とかえします。紫苑《シオン》は嵐《あらし》の夜《よる》に「あの夜《よる》この手《て》で窓《まど》を開《あ》け放《はな》った時　ぼくは奇跡《きせき》を呼《よ》びこんだのか」とネズミとの出会《であ》いを思《おも》いかえし、ネズミは救《すく》いの手《て》が奇跡《きせき》のようにさしのべられること、「人《ひと》は確《たし》かに人《ひと》に救《すく》われることがある」と思《おも》いかえします。

こうして紫苑《シオン》とネズミは互《たが》いに補《おぎな》いあい、「NO.6《ナンバーシックス》」の秘密《ひみつ》にせまっていくのです。

人《ひと》を助《たす》けることは自分《じぶん》を助《たす》けることにつながり、異《こと》なる個性《こせい》からは自分《じぶん》にない、ものの見方《みかた》を知《し》ることができます。

▶嵐《あらし》の夜《よる》にネズミのことを救《すく》った紫苑《シオン》への恩返《おんがえ》しとして、ネズミは紫苑《シオン》の命《いのち》を救《すく》った。紫苑《シオン》のやさしい心《こころ》が、冷徹《れいてつ》なネズミの心《こころ》を変《か》え、奇跡《きせき》を生《う》んだのだ。

作品《さくひん》紹介《しょうかい》

『NO.6』(全《ぜん》9巻《かん》)

原作《げんさく》：あさのあつこ　漫画《まんが》：木乃《きの》ひのき　発行《はっこう》：講談社《こうだんしゃ》

主人公《しゅじんこう》の少年《しょうねん》、紫苑《シオン》は、人類《じんるい》の科学《かがく》の粋《すい》を集《あつ》めた理想都市《ユートピア》「NO.6」の高級住宅街《こうきゅうじゅうたくがい》「クロノス」で、特別待《とくべつたい》遇《ぐう》の超《ちょう》エリートとして何不自由《なにふじゆう》なく暮《く》らしていた。

12歳《さい》の誕生日《たんじょうび》、嵐《あらし》の夜《よる》に「ネズミ」と名《な》のる謎《なぞ》の少年《しょうねん》が突然《とつぜん》、傷《きず》だらけで窓《まど》から家《いえ》に侵入《しんにゅう》。紫苑《シオン》は介抱《かいほう》し食事《しょくじ》をあたえるが、ネズミは逃亡者《とうぼうしゃ》であり、これをかくまったため、紫苑《シオン》は特別待遇《とくべつたいぐう》の地位《ちい》を剥奪《はくだつ》されてしまう。

母《はは》と共《とも》に準市民《じゅんしみん》が住《す》むロストタウンに生活《せいかつ》の場《ば》を移《うつ》されて4年後《ねんご》、紫苑《シオン》は殺人事件《さつじんじけん》の容疑者《ようぎしゃ》にされ治安局《ちあんきょく》に連《れん》行《こう》されそうになるが……。

著者《ちょしゃ》プロフィール

原作《げんさく》：あさのあつこ
1954年生《ねんう》まれ。岡山県出身《おかやまけんしゅっしん》。小説家《しょうせつか》。児童文学《じどうぶんがく》、時代小説《じだいしょうせつ》を得意《とくい》とする。1991年《ねん》『ほたる館物語《かんものがたり》』にてデビュー。野間児童文芸賞《のまじどうぶんげいしょう》や日本児童文学者協会賞《にほんじどうぶんがくしゃきょうかいしょう》、小学館児童出版文化賞《しょうがくかんじどうしゅっぱんぶんかしょう》など数多《かずおお》くの受賞歴《じゅしょうれき》がある。

漫画《まんが》：木乃《きの》ひのき
漫画家《まんがか》。『刹那《せつな》グラフィティ』や日日日《あきら》原作《げんさく》の『せんがく』など女性向《じょせいむ》け作品《さくひん》を多《おお》く手《て》がける。

「ハトは可愛《かわい》らしい鳥《とり》です 普段《ふだん》から肉《にく》は食《た》べているわけで ぼくが知《し》らない所《ところ》で 生《い》き物《もの》は死《し》んでいるわけですが

ぼくは大人《おとな》になるという事《こと》は当然《とうぜん》 猟師《りょうし》になる事《こと》だと思《おも》っていた

著者《ちょしゃ》であり主人公《しゅじんこう》の岡本《おかもと》は幼《おさな》い頃《ころ》、近所《きんじょ》に友達《ともだち》が住《す》んでいない(片道《かたみち》7キロある)ため、猟師《りょうし》をしていた近所《きんじょ》のおじいちゃんが遊《あそ》び相手《あいて》でした。戦争《せんそう》でシベリア抑留《よくりゅう》を経験《けいけん》したおじいちゃんは、「わしは日本《にほん》がどうなっても、ひとりで生《い》きていける」というほど生《い》きる力《ちから》がみなぎっていました。彼《かれ》に狩猟《しゅりょう》の知識《ちしき》の数々《かずかず》を教《おそ》わった岡本《おかもと》は「大人《おとな》になるということは、猟師《りょうし》になることだ」と思《おも》ってしまいました。そして猟《りょう》で生《い》き物《もの》の命《いのち》をうばうことも、スーパーで肉《にく》を買《か》うことも、ほかの生《い》き物《もの》の命《いのち》をうばって生《い》きることには変《か》わらないという考《かんが》え方《かた》になったのです。

しかし、大人《おとな》になって暮《く》らしていた東京《とうきょう》で、彼女《かのじょ》に猟師《りょうし》になりたい夢《ゆめ》を語《かた》った岡本《おかもと》は、彼女《かのじょ》から「最悪《さいあく》!! 動物《どうぶつ》を殺《ころ》すなんて!!」とののしられます。もちろん彼女《かのじょ》だってウシやブタの肉《にく》は普通《ふつう》に食《た》べています。結局《けっきょく》、考《かんが》え方《かた》のちがいから、彼女《かのじょ》と別《わか》れることになった岡本《おかもと》は、彼女《かのじょ》の捨《す》てぜりふ「さようなら山賊《さんぞく》さん」の言葉《ことば》通《どお》り、山賊《さんぞく》(田舎《いなか》の猟師《りょうし》)になるために、ふるさとの岡山《おかやま》にもどる決意《けつい》を固《かた》めます。

そして岡本《おかもと》は、銃《じゅう》の所持許可試験《しょじきょかしけん》に合格《ごうかく》すると狩猟用《しゅりょうよう》の空気銃《くうきじゅう》を購入《こうにゅう》。さらに「狩猟《しゅりょう》免許《めんきょ》」を取《と》り、猟師《りょうし》になるための資格《しかく》をそろえたのでした。

ハトは可愛らしい鳥です
普段から肉は食べているわけで ぼくが知らない所で生き物は死んでいるわけですが
それを自分の手で行うというのは やはり複雑なものがあります

▲岡本《おかもと》は、命《いのち》に感謝《かんしゃ》しながら、はじめての獲物《えもの》の解体作業《かいたいさぎょう》をはじめました。

『山賊《さんぞく》ダイアリー リアル猟師奮闘記《りょうしふんとうき》』

それを自分《じぶん》の手《て》で行《おこな》うというのはやはり複雑《ふくざつ》なものがあります」

狩猟《しゅりょう》で動物《どうぶつ》を殺《ころ》し解体《かいたい》して食《た》べることは、一見残酷《いっけんざんこく》に見《み》えるが、私《わたし》たちもだれかがそうした肉《にく》を食《た》べている。

地元《じもと》での狩猟期間《しゅりょうきかん》が始《はじ》まり、猟《りょう》に出《で》た岡本《おかもと》が撃《う》ち殺《ころ》した最初《さいしょ》の獲物《えもの》は、キジバトでした。岡本《おかもと》は「ハトは可愛《かわい》らしい鳥《とり》です。普段《ふだん》から肉《にく》は食《た》べているわけで ぼくが知《し》らない所《ところ》で生《い》き物《もの》は死《し》んでいるわけですが、それを自分《じぶん》の手《て》で行《おこな》うというのは やはり複雑《ふくざつ》なものがあります」と思《おも》いながらも、3羽《わ》の猟果《りょうか》を得《え》て、初《はつ》の獲物《えもの》に喜《よろこ》びながら帰宅《きたく》すると、解体作業《かいたいさぎょう》を始《はじ》めます。

ハトは、羽《はね》をむしり、うぶ毛《げ》をコンロであぶり、足《あし》と頭《あたま》をナイフで落《お》とし解体《かいたい》し、肛門側《こうもんがわ》から内臓《ないぞう》をかき出《だ》し、未消化物《みしょうかぶつ》を洗《あら》うことで、ようやく肉《にく》として食《た》べられるようになります。

解体《かいたい》を終《お》えた岡本《おかもと》は、さっそく肉《にく》と内臓《ないぞう》をタレ焼《や》きにして食《た》べてみます。その味《あじ》は、優《やさ》しいもので、ものすごくおいしいというものではありませんでしたが、自分《じぶん》で獲《と》ったということもあり、岡本《おかもと》は、自分《じぶん》がそのまま、生態系《せいたいけい》の食物連鎖《しょくもつれんさ》に組《く》みこまれたような満足感《まんぞくかん》を覚《おぼ》えるのでした。

動物《どうぶつ》を捕《つか》まえて殺《ころ》し、解体《かいたい》して食《た》べることは、一見残酷《いっけんざんこく》に見《み》えます。それに生理的《せいりてき》な嫌悪《けんお》を感《かん》じることは、決《けっ》しておかしいことではありません。しかし、食《た》べるために、普段《ふだん》の生活《せいかつ》から直接見《ちょくせつみ》えないところで、常《つね》に命《いのち》をうばうということはおこなわれているのです。

人《ひと》は動物《どうぶつ》や植物《しょくぶつ》などの生命《せいめい》を食《た》べずに生《い》きて行《い》くことはできません。生《い》きるために、食《た》べるために、命《いのち》への感謝《かんしゃ》を忘《わす》れないようにしましょう

著者《ちょしゃ》プロフィール

岡本健太郎《おかもとけんたろう》

岡山県出身《おかやまけんしゅっしん》。漫画家《まんがか》であると同時《どうじ》に、兼業猟師《けんぎょうりょうし》でもある。代表作《だいひょうさく》に、『愛斜堂《あいしゃどう》』『笑《わら》える子羊《こひつじ》』などがある。現在《げんざい》(2016年《ねん》)「イブニング」にて『山賊《さんぞく》ダイアリーSS』連載中《れんさいちゅう》。

作品《さくひん》紹介《しょうかい》

『山賊《さんぞく》ダイアリー リアル猟師奮闘記《りょうしふんとうき》』

著《ちょ》:岡本健太郎《おかもとけんたろう》 発行《はっこう》:講談社《こうだんしゃ》

野性《やせい》の動物《どうぶつ》や鳥《とり》、そのほかの生《い》き物《もの》を食《た》べることをテーマに、狩猟《しゅりょう》を通《つう》じて、山《やま》でサバイバルするための知識《ちしき》やルールなどを盛《も》りこんだ、著者《ちょしゃ》による狩猟《しゅりょう》の実体験《じったいけん》をもとにしたフィクションエッセイ漫画《まんが》。

東京《とうきょう》に住《す》んでいた主人公《しゅじんこう》の岡本《おかもと》は、動物《どうぶつ》を食《た》べることについての価値観《かちかん》の違《ちが》いから彼女《かのじょ》に「山賊《さんぞく》」とののしられてしまう。

岡本《おかもと》は単身《たんしん》ふるさとの岡山《おかやま》にもどり、漫画家業《まんがかぎょう》のかたわら、銃《じゅう》の所持免許《しょじめんきょ》を取《と》り空気銃《くうきじゅう》を買《か》い、狩猟免許《しゅりょうめんきょ》も取《と》って猟師《りょうし》を始《はじ》める。そして猟友会《りょうゆうかい》の仲間《なかま》とともに、ウサギ、カモ、カラス、ハト、イノシシなどの獲物《えもの》と戦《たたか》い、仕留《しと》め、そして解体《かいたい》し食《た》べていくのだった。

失《な》くしたシャッターチャンスをとりもどすため。

第二次世界大戦《だいにじせかいたいせん》での日本《にほん》の敗戦《はいせん》から2年《ねん》半《はん》、雑誌《ざっし》のカメラマンとして採用《さいよう》になった楠《くすのき》に、新年特集号《しんねんとくしゅうごう》で復興《ふっこう》し始《はじ》めた関東地方《かんとうちほう》の航空写真《こうくうしゃしん》を撮《と》るという話《はなし》が持《も》ちあがります。しかし、当時《とうじ》はＧＨＱ（占領軍総司令部《せんりょうぐんそうしれいぶ》）の指令《しれい》でまだ航空活動《こうくうかつどう》は禁止《きんし》されていました。

かわりに楠《くすのき》は、全高約《ぜんこうやく》312メートル、当時東洋一《とうじとうよういち》の高《たか》さを誇《ほこ》る埼玉県川口市《さいたまけんかわぐちし》の電波塔《でんぱとう》に登《のぼ》り、そこから写真《しゃしん》を撮《と》ることを提案《ていあん》します。

楠《くすのき》は、建築資材運搬用《けんちくしざいうんぱんよう》の小《ちい》さなかごのようなエレベーターで電波塔《でんぱとう》を登《のぼ》りますが、仲間《なかま》は彼《かれ》に「命《いのち》がけで登《のぼ》るのは戦争《せんそう》で死《し》にそこなったからか?」と問《と》います。

楠《くすのき》は、戦時下《せんじか》のすさまじい光景《こうけい》を撮影《さつえい》できなかったことから自分《じぶん》は真《しん》のカメラマンになれていないと思《おも》いこんでいました。沈《しず》みゆく空母《くうぼ》での経験《けいけん》、〝失《な》くしたシャッターチャンスを取《と》りもどす〟ことへの思《おも》いを胸《むね》に、楠《くすのき》は見事《みごと》ハシゴを登《のぼ》りきり、素晴《すば》らしい写真《しゃしん》の撮影《さつえい》を成功《せいこう》させます。

電波塔《でんぱとう》の上《うえ》からの東京撮影《とうきょうさつえい》のシャッターチャンスをものにできたことから、楠《くすのき》は自分《じぶん》がカメラマンになれたことを自覚《じかく》します。

戦場《せんじょう》でのサバイバル状況《じょうきょう》でのつらい経験《けいけん》は、帰還後《きかんご》、自《じ》分《ぶん》の生《い》きる道《みち》を見《み》つけるという大《おお》きな成果《せいか》を生《う》み出《だ》す力《ちから》となったのです。

◀アメリカ海軍機《かいぐんき》の攻撃《こうげき》で沈《しず》む空母《くうぼ》『瑞鳳《ずいほう》』の艦首《かんしゅ》から飛翔《ひしょう》する人影《ひとかげ》。これを命《いのち》がけで撮影《さつえい》しようとする楠《くすのき》だったが……。

「撮《と》るんだ……！ あれを撮《と》らなくちゃ……!!」

あの写真《しゃしん》一枚《いちまい》じゃ前後《ぜんご》の状況《じょうきょう》がわかるわけはない。

それから5年後《ねんご》の昭和《しょうわ》27年《ねん》5月《がつ》1日《にち》メーデー（労働者《ろうどうしゃ》の日《ひ》）で、デモ参加者《さんかしゃ》と警官隊《けいかんたい》が衝突《しょうとつ》。多数《たすう》の死傷者《ししょうしゃ》が出《で》ました。取材《しゅざい》で楠《くすのき》は、警官《けいかん》に銃《じゅう》を向《む》けられ、次《つぎ》の瞬間《しゅんかん》、警官《けいかん》は暴徒《ぼうと》の投石《とうせき》で負傷《ふしょう》し、たおれます。楠《くすのき》は写真《しゃしん》を撮《と》り続《つづ》け〝負傷《ふしょう》してたおれた警官《けいかん》が、暴徒《ぼうと》の学生《がくせい》にけられる瞬間《しゅんかん》〟のように見《み》える写真《しゃしん》が、雑誌《ざっし》の表紙《ひょうし》に採用《さいよう》されます。

その学生《がくせい》は逮捕《たいほ》され、公安《こうあん》課《ぶ》の刑事《けいじ》たちが編集部《へんしゅうぶ》に来《き》て、警官《けいかん》が重症《じゅうしょう》を負《お》った証拠《しょうこ》としてネガ（撮影《さつえい》フィルム）の任意提出《にんいていしゅつ》を求《もと》めてきますが、編集長《へんしゅうちょう》は、〝取材《しゅざい》で得《え》た情報《じょうほう》は報道《ほうどう》目的《もくてき》以外《いがい》に使《つか》ってはいけない〟という、報道《ほうどう》の自由《じゆう》を守《まも》る鉄則《てっそく》にもとづき拒否《きょひ》をします。

楠《くすのき》は撮影時《さつえいじ》、巻《ま》き上《あ》げ不良《ふりょう》で失敗《しっぱい》した写真《しゃしん》があることを思《おも》い出《だ》します。その写真《しゃしん》には、学生《がくせい》が警官《けいかん》を助《たす》け介抱《かいほう》する瞬間《しゅんかん》が写《うつ》っていました。つまり、〝負傷《ふしょう》してたおれた警官《けいかん》が、暴徒《ぼうと》の学生《がくせい》にけられる瞬間《しゅんかん》〟は、そもそも存在《そんざい》していなかったのです。

写真《しゃしん》とは、〝状況《じょうきょう》の一部《いちぶ》〟をフレーム内《ない》に切《き》りとったものです。衝撃的《しょうげきてき》な一瞬《いっしゅん》がおさめられている写真《しゃしん》でも、前後《ぜんご》の流《なが》れで受《う》ける印象《いんしょう》はまったく異《こと》なってきます。物事《ものごと》を判断《はんだん》するとき、目立《めだ》つひとつのことだけに注目《ちゅうもく》して、その前後関係《ぜんごかんけい》や、対立《たいりつ》する事柄《ことがら》を無視《むし》してはいけません。正《ただ》しい結論《けつろん》をみちびくには、すべての可能性《かのうせい》や流《なが》れを考慮《こうりょ》にいれることが重要《じゅうよう》なのです。

ライカとは？

ライカは、ドイツの光学機器《こうがくきき》メーカー、エルンスト・ライツの小型《こがた》カメラのブランド名《めい》です。1925年《ねん》に市販《しはん》された『ライカI』は、映画用《えいがよう》の35mmフィルムを使《つか》うことで小型化《こがたか》と軽量化《けいりょうか》を実現《じつげん》した高品質《こうひんしつ》な物《もの》で、フィルム巻《ま》き上《あ》げとシャッターのバネの圧縮《あっしゅく》を1動作《どうさ》でおこなうなど、操作性《そうさせい》にも優《すぐ》れていました。

フィルム面積《めんせき》が小《ちい》さいこともあり、画質《がしつ》については大判《おおばん》カメラにおよばない部分《ぶぶん》もありましたが、とても小型《こがた》で軽《かる》く故障《こしょう》も少《すく》ないことから、写真家《しゃしんか》の荷物《にもつ》の量《りょう》をへらし、活動範囲《かつどうはんい》を大《おお》いに広《ひろ》げました。作中《さくちゅう》に登場《とうじょう》する『ライカIIIａ』は1936年頃《ねんごろ》に作《つく》られ、ピントと連動《れんどう》した光学視差式距離計《こうがくしさしききょりけい》（レンジファインダー）や、スローシャッターなど当時《とうじ》の最新技術《さいしんぎじゅつ》がもりこまれた１台《だい》でした。当時日本《とうじにほん》では、西洋《せいよう》からの高額輸入品《こうがくゆにゅうひん》とされ、〝ライカ1台《だい》で家一軒建《いえいっけんた》てられる〟とまで言《い》われました。

著者《ちょしゃ》プロフィール

漫画《まんが》：吉原昌宏《よしはらまさひろ》
1959年《ねん》生《う》まれ。岡山県出身《おかやまけんしゅっしん》。1987年《ねん》に小学館《しょうがくかん》ビッグコミック賞入選《しょうにゅうせん》。代表作《だいひょうさく》には『ライカの帰還《きかん》』『迎撃空域《げいげきくういき》』『特殊任務飛行隊《とくしゅにんむひこうたい》 KG200』などがある。漫画《まんが》のほか、イラスト作品集《さくひんしゅう》『ミリタリー雑具箱《ざつぐばこ》』なども手《て》がけている。

原作《げんさく》：船山《ふなやま》 理《おさむ》
出版編集業《しゅっぱんへんしゅうぎょう》のかたわら、『I CAN C!』や本作《ほんさく》の漫画原作《まんがげんさく》を手《て》がける。本作《ほんさく》の主人公《しゅじんこう》のモデル、カメラマンの船山《ふなやま》 克《かつ》は原作者《げんさくしゃ》の父《ちち》。

作品紹介《さくひんしょうかい》

『ライカの帰還完全版《きかんかんぜんばん》』
漫画《まんが》：吉原昌宏《よしはらまさひろ》　原作《げんさく》：船山《ふなやま》 理《おさむ》　発行《はっこう》：幻冬舎《げんとうしゃ》（バースコミックスペシャル）

カメラマン・船山《ふなやま》 克《かつ》の実話《じつわ》をモデルとした、『ライカ』と報道写真《ほうどうしゃしん》を巡《めぐ》るオムニバス。

主人公《しゅじんこう》の楠《くすのき》は、太平洋戦争末期《たいへいようせんそうまっき》、レイテ沖海戦《おきかいせん》で米軍機《べいぐんき》の攻撃《こうげき》を受《う》ける空母《くうぼ》『瑞鳳《ずいほう》』の飛行甲板上《ひこうかんばんじょう》で、必死《ひっし》に小型《こがた》カメラ『ライカ』のシャッターを切《き》り続《つづ》けていました。ほどなく瑞鳳《ずいほう》は沈没《ちんぼつ》、楠《くすのき》もライカとともに海《うみ》に飛《と》びこみます。なんとか一命《いちめい》はとりとめますが、そのとき、貴重《きちょう》なシャッターチャンスを逃《のが》した苦《にが》い経験《けいけん》から、戦後報道《せんごほうどう》カメラマンとして“だれも見《み》たことがない景色《けしき》”をもとめ挑戦《ちょうせん》を続《つづ》けることに……。

ナホはおばあちゃんにはげまされて生《い》きていく力《ちから》をもらいました。

ナホはたくさんのなのはなを植《う》え続《つづ》けようと思《おも》いました。

この物語《ものがたり》は東日本大震災後《ひがしにほんだいしんさいご》の福島《ふくしま》で、小《しょう》学校《がっこう》の先生《せんせい》が福島第一原子力発電所《ふくしまだいいちげんしりょくはつでんしょ》の事故《じこ》と26年前《ねんまえ》におこったチェルノブイリ原発事《げんぱつじ》故《こ》を比較《ひかく》して、福島《ふくしま》の事故《じこ》はそれほどのことにはならないと話《はな》しているところからはじまります。

主人公《しゅじんこう》のナホの大好《だいす》きなおばあちゃんは、東日本大震災《ひがしにほんだいしんさい》で、行方不明《ゆくえふめい》になってしまっていました。

夢《ゆめ》の中《なか》で、ナホは大好《だいす》きなおばあちゃんにあいます。そこには三《み》つ編《あ》みの少女《しょうじょ》がいて、おばあちゃんが作《つく》った手作《てづく》りの人形《にんぎょう》をナホにわたしてくれます。

以前《いぜん》、チェルノブイリの原子力発電所事《げんしりょくはつでんしょじ》故《こ》の被害《ひがい》にあったウクライナの病院《びょういん》を手伝《てつだ》いに行《い》っていたおばあちゃんの友達《ともだち》が、ウクライナの除染《じょせん》には「なのはな」「ひまわり」「ライ麦《むぎ》」などが使《つか》われているとナホに教《おし》えてくれました。

夢《ゆめ》の中《なか》の三《み》つ編《あ》みの少女《しょうじょ》は、おばあちゃんの種《たね》まき機《き》を持《も》っていました。だまってナホにその種《たね》まき機《き》を差《さ》し出《だ》しましたが、それで種《たね》をまいて土《つち》をきれいにしろと伝《つた》えたいのでしょう。

気《き》がつくと夢《ゆめ》の中《なか》の景色《けしき》は、あたり一面《いちめん》なのはな畑《ばたけ》に変《か》わっていました。

おばあちゃんの種《たね》まき機《き》で、ナホはこれからたくさんの「なのはな」を植《う》え続《つづ》けようと思《おも》いました。

また別《べつ》の日《ひ》、ナホは夢《ゆめ》の中《なか》で、兄《あに》の学《ガク》と銀河鉄道《ぎんがてつどう》に乗《の》ります。鉄道《てつどう》はジョバンニ線《せん》と言《い》い、福島原発《ふくしまげんぱつ》のすぐそばを走《はし》っていました。その列車《れっしゃ》にはナホのおばあちゃんが乗《の》っていました。同《おな》じ列車《れっしゃ》には原発《げんぱつ》でなくなった動物《どうぶつ》たちもみんな乗《の》っていました。

ナホは途中《とちゅう》で降《お》ろされ、おばあちゃんは動物《どうぶつ》たちと列車《れっしゃ》で空高《そらたか》くのぼっていきました。その列車《れっしゃ》といっしょに進《すす》むおおきな光《ひかり》

福島第一原子力発電所事故《ふくしまだいいちげんしりょくはつでんしょじこ》

2011年3月11日東北大震災《ねんがつにちとうほくだいしんさい》による大規模《だいきぼ》な津波《つなみ》と地震《じしん》で東京電力《とうきょうでんりょく》の福島第一発電所《ふくしまだいいちはつでんしょ》でメルトダウンがおこります。炉内燃料《ろないねんりょう》のほとんど全量《ぜんりょう》が溶解《ようかい》していました。これにより大量《たいりょう》の放射性物質《ほうしゃせいぶっしつ》が近県《きんけん》にまで広《ひろ》がり東日本《ひがしにほん》を中心《ちゅうしん》に大《おお》きな災害《さいがい》に発展《はってん》してしまいました。事故《じこ》の程度《ていど》は人類《じんるい》が原子力発電《げんしりょくはつでん》所《しょ》の事故《じこ》を測《はか》る基準《きじゅん》で最悪《さいあく》の数字《すうじ》となりました。INES（国際原子力事象評価尺度《こくさいげんしりょくじしょうひょうかしゃくど》）では、チェルノブイリ発電所《はつでんしょ》の事故《じこ》と同様《どうよう》のレベル7という数字《すうじ》に評価《ひょうか》されました。

なのはな

の素足《すあし》が見《み》えました。おばあちゃんの声《こえ》が聞《き》こえます「なあんにもこわいことはないぞう」と。おばあちゃんと三《み》つ編《あ》みの少女《しょうじょ》たちはナホに、生《い》きていくためにこれからやらなければいけないことを教《おし》えてくれているようでした。

ナホは、まず「なのはな」から取《と》り組《く》もうと、そして私《わたし》たちが生《い》きていく未来《みらい》をこわがらないで前《まえ》を向《む》いて進《すす》んでいくようにと、それが未来《みらい》を切《き》り開《ひら》いていく力《ちから》なんだと、思《おも》うのでした。

ナホはおばあちゃんにはげまされて生《い》きていく力《ちから》をもらいました。

▲ナホはおばあちゃんがいつも見守《みまも》ってくれていると思《おも》いました。

著者《ちょしゃ》プロフィール

萩尾望都《はぎおもと》
1949年《ねん》生《う》まれ。『ポーの一族《いちぞく》』『トーマの心臓《しんぞう》』で第《だい》21回小学館漫画賞《かいしょうがくかんまんがしょう》を受賞《じゅしょう》。『スターレッド』『銀《ぎん》の三角《さんかく》』で星雲賞《せいうんしょう》コミック部門受賞《ぶもんじゅしょう》。『バルバラ異界《いかい》』で日本《にほん》SF大賞《たいしょう》受賞《じゅしょう》。『残酷《ざんこく》な神《かみ》が支配《しはい》する』では手塚治虫文化賞《てづかおさむぶんかしょう》マンガ最優秀賞《さいゆうしゅうしょう》を受賞《じゅしょう》。また第《だい》12回《かい》センス・オブ・ジェンダー賞生涯功労賞《しょうしょうがいこうろうしょう》を受賞《じゅしょう》。

作品紹介《さくひんしょうかい》

『新装版《しんそうばん》　萩尾望都作品集《はぎおもとさくひんしゅう》　なのはな』
著《ちょ》：萩尾望都《はぎおもと》　発行《はっこう》：小学館《しょうがくかん》

『なのはな』は、「シリーズここではない★どこか」として「月刊《げっかん》フラワーズ」に発表《はっぴょう》された4作《さく》の短編《たんぺん》コミックと、描《か》き下《お》ろし「なのはな―幻想《げんそう》『銀河鉄道《ぎんがてつどう》の夜《よる》』」、新装版《しんそうばん》で追加《ついか》された「福島《ふくしま》ドライブ」(ビッグコミック掲載《けいさい》)で構成《こうせい》されるオムニバス短編集《たんぺんしゅう》。

第二話《だいにわ》から第四話《だいよんわ》の「プルート夫人《ふじん》」「ウラノス伯爵《はくしゃく》」「サロメ20××」では、プルトニウム、ウランなどの放射性物質《ほうしゃせいぶっしつ》が擬人化《ぎじんか》されて登場《とうじょう》する。人間《にんげん》たちをその魅力《みりょく》で惑《まど》わし社会《しゃかい》に溶《と》けこみ、彼《かれ》らがなんの悪意《あくい》もなく、人間《にんげん》たちの世界《せかい》を破滅《はめつ》に導《みちび》いていくさまが描《えが》かれる。「福島《ふくしま》ドライブ」は、甲斐《かい》よしひろの楽曲《がっきょく》「立川《たちかわ》ドライブ」の歌詞《かし》とともに震災《しんさい》で翻弄《ほんろう》される3人《にん》の男女《だんじょ》の物語《ものがたり》が描《えが》かれる。

「福《ふく》島《しま》に住《す》んでいやでも福《ふく》島《しま》を忘《わす》れないようにしよう」

「原発《げんぱつ》の水蒸気爆発《すいじょうきばくはつ》におびえ、政府《せいふ》、東電《とうでん》の説明《せつめい》にだまされ、どうしていいのかわからない自分《じぶん》がいた」

2011年《ねん》、福島第一原子力発電所《ふくしまだいいちげんしりょくはつでんしょ》は、地震《じしん》と津波《つなみ》で停電《ていでん》し、非常用発電機《ひじょうようはつでんき》も故障《こしょう》して、原子炉《げんしろ》を冷《ひ》やせず炉内《ろない》の燃料棒《ねんりょうぼう》が溶《と》けて格納容器《かくのうようき》の下部《かぶ》にたまり、やがて建物《たてもの》の屋根《やね》を吹《ふ》き飛《と》ばすほどの水蒸気爆発《すいじょうきばくはつ》をおこします。

結果《けっか》、高《たか》い線量《せんりょう》の放射性物質《ほうしゃせいぶっしつ》が大気中《たいきちゅう》に拡散《かくさん》し、事態《じたい》は深刻度《しんこくど》を増《ま》していきます。

テレビは爆発《ばくはつ》の様子《ようす》を放送《ほうそう》し続《つづ》け、それを多《おお》くの専門家《せんもんか》や有識者《ゆうしきしゃ》が状況分析《じょうきょうぶんせき》しネットなどで情報提供《じょうほうていきょう》しました。

一方政府《いっぽうせいふ》は飛散《ひさん》した放射性物質《ほうしゃせいぶっしつ》は「ただちに影響《えいきょう》はない」として冷静《れいせい》な行動《こうどう》を呼《よ》びかけます。しかし近隣住民《きんりんじゅうみん》の避難《ひなん》エリアの範囲《はんい》は次々《つぎつぎ》と広《ひろ》げられ、ますます危険《きけん》な状況《じょうきょう》になっていくのではと不安《ふあん》が広《ひろ》がり、その結果《けっか》、人々《ひとびと》は政府発表《せいふはっぴょう》の信《しん》ぴょう性《せい》に疑問《ぎもん》を持《も》つようになります。

ネットやメディアを流《なが》れる専門家《せんもんか》の解説《かいせつ》も持論《じろん》や主張《しゅちょう》がさまざまで、中《なか》には科学的《かがくてき》なまちがいや感情的《かんじょうてき》なデマも流《なが》れたことから、一体《いったい》だれのどの説《せつ》を信《しん》じれば良《よ》いのか、わからなくなってしまいました。

主人公《しゅじんこう》は、安全《あんぜん》だと信《しん》じたい気持《きも》ちと、東日本一帯《ひがしにほんいったい》が壊滅《かいめつ》するかもという恐怖《きょうふ》との間《あいだ》でゆれ動《うご》きます。しかし事態《じたい》の進行《しんこう》は止《と》まらず、迷《まよ》っているひまはありません。結局《けっきょく》、家族《かぞく》を福島《ふくしま》から埼玉《さいたま》へと避難《ひなん》させることを決断《けつだん》します。

主人公《しゅじんこう》は「原発《げんぱつ》は絶対《ぜったい》に事故《じこ》を起《お》こさない」などと思考停止《しこうていし》して関心《かんしん》をよせなかった結果《けっか》、いたずらに放射能《ほうしゃのう》を怖《こわ》がるなど、安全《あんぜん》、危険性《きけんせい》ともに知識《ちしき》が不足《ふどう》し、避難方《ひなんほう》法《ほう》などとっさの判断《はんだん》ができなかったことなどを、大《おお》いに反省《はんせい》し、悩《なや》み、苦《くる》しみます。

◀大熊町《おおくままち》の荒《あ》れ果《は》てた水田《すいでん》を見《み》て、原発推進派《げんぱつすいしんは》への怒《いか》りを新《あら》たにした。

今日《きょう》もいい天気《てんき》 原発事故編《げんぱつじこへん》

水《みず》やものがたまる場所《ばしょ》は通常《つうじょう》の200倍《ばい》近《ちか》い線量《せんりょう》が測定《そくてい》されることもあった。

主人公《しゅじんこう》はもしかして自分《じぶん》は反原発派《はんげんぱつは》の意《い》見《けん》に流《なが》され必要以上《ひつよういじょう》におびえていたのか、埼玉《さいたま》へ逃《に》げたことはまちがいではないかと自分《じぶん》をせめます。

そこで、福島《ふくしま》の自宅《じたく》の周囲《しゅうい》を測定《そくてい》すると、線量計《せんりょうけい》は通常《つうじょう》の10倍以上《ばいいじょう》の値《あたい》を示《しめ》し、風景《ふうけい》は同《おな》じでも以前《いぜん》とはまるでちがうのです。特《とく》に雨《あめ》どいや排水管《はいすいかん》の出口《でぐち》など、水《みず》や物《もの》がたまる場《ば》所《しょ》は通常《つうじょう》の200倍《ばい》近《ちか》くの線量《せんりょう》が測定《そくてい》されました。

しかし、主人公《しゅじんこう》は福島《ふくしま》にもどり、ここに住《す》むために自力《じりき》での除染《じょせん》を決意《けつい》します。土《つち》を掘《ほ》り深《ふか》い部分《ぶぶん》と浅《あさ》い部分《ぶぶん》を入《い》れかえるとたしかに線量《せんりょう》はさがりました。

人間《にんげん》や生物《せいぶつ》に対《たい》する放射線《ほうしゃせん》の、低線量時《ていせんりょうじ》の影響《えいきょう》については諸説《しょせつ》あり、放射線量《ほうしゃせんりょう》を計《はか》る手法《しゅほう》も複数《ふくすう》あります。また測定《そくてい》には確率《かくりつ》が関《かか》わり、精度《せいど》には限界《げんかい》がありますが、一《いっ》定《てい》の目安《めやす》にする事《こと》はできます。「線量《せんりょう》の強《つよ》さ×浴《あ》びた時間《じかん》」が、人間《にんげん》や生物《せいぶつ》への影響《えいきょう》に関係《かんけい》する事《こと》も科学的《かがくてき》にまちがいありません。その場《ば》の放射線量《ほうしゃせんりょう》がある程度《ていど》の精度《せいど》でわかれば、それなりの対処《たいしょ》が可能《かのう》となります。

主人公《しゅじんこう》は、むやみにおびえて風評《ふうひょう》にまどわされたりせず、できるかぎり自分《じぶん》で調《しら》べて福島《ふくしま》で生《い》きていこうと決《き》めたのです。「福《ふく》島《しま》に住《す》んでいやでも福島《ふくしま》を忘《わす》れないようにしよう」と思《おも》ったのでした。

放射線《ほうしゃせん》の人《ひと》への影響《えいきょう》

原子力発電所《げんしりょくはつでんしょ》の燃料《ねんりょう》やゴミは、人《ひと》の体《からだ》を形《かたち》づくる細胞《さいぼう》に傷《きず》をつけ、ガンなどに変《か》えてしまうほど強《つよ》い放射線《ほうしゃせん》を出《で》します。そこで、丈夫《じょうぶ》な容器《ようき》や建物《たてもの》などで封《ふう》じこめる必要《ひつよう》があるのです。

もともと自然界《しぜんかい》には、ある程度《ていど》の放射線《ほうしゃせん》が飛《と》んでいますが、細胞《さいぼう》の自己修復機能《じこしゅうふくきのう》などによって健康《けんこう》を保《たも》つことができるため、普段《ふだん》は意識《いしき》することはありません。しかし原子爆弾《げんしばくだん》などで一度《いちど》に大量《たいりょう》の放射線《ほうしゃせん》を浴《あ》びるようなことになれば細胞《さいぼう》の修理《しゅうり》が追《お》いつかなくなり、死《し》にいたることにもなるのです。

さまざまな専門家《せんもんか》の意見《いけん》がありますが、安全《あんぜん》な値《あたい》は、地面《じめん》から1メートルくらいの高《たか》さの空間線量《くうかんせんりょう》で1時間《じかん》あたり1マイクロシーベルト程度《ていど》までと言《い》われています。

作品《さくひん》紹介《しょうかい》

『今日《きょう》もいい天気《てんき》 原発事故編《げんぱつじこへん》』

著《ちょ》：山本《やまもと》おさむ　発行《はっこう》：双葉社《ふたばしゃ》

漫画家《まんがか》、山本《やまもと》おさむの実体験《じったいけん》を元《もと》にしたエッセイ漫画《まんが》。その当時《とうじ》の想《おも》いを書《か》きつづった作品《さくひん》。

都会《とかい》の生活《せいかつ》に疲《つか》れた主人公《しゅじんこう》（著者《ちょしゃ》）は、福島《ふくしま》で田舎生活《いなかせいかつ》を開始《かいし》。ところが、東日本大震災《ひがしにほんだいしんさい》が発生《はっせい》、地震《じしん》と津波《つなみ》で自宅《じたく》から約《やく》70kmの福島第一原子力発電所《ふくしまだいいちげんしりょくはつでんしょ》が被災《ひさい》する。

当初事態《とうしょじたい》を軽《かる》く見《み》た主人公《しゅじんこう》だが、高濃度《こうのうど》の放射性物質《ほうしゃせいぶっしつ》が拡散《かくさん》する深刻《しんこく》な状況《じょうきょう》に家族《かぞく》を福島《ふくしま》から脱出《だっしゅつ》させた。その後《のち》、政府《せいふ》や専門家《せんもんか》による報道《ほうどう》の安全《あんぜん》を連呼《れんこ》する姿勢《しせい》に疑問《ぎもん》を持《も》ったが、同時《どうじ》に安全《あんぜん》を信《しん》じたい気持《きも》ちもあり、何《なに》が正《ただ》しいかわからなくなってしまう。科学的思考《かがくてきしこう》や線量計《せんりょうけい》の値《あたい》を重《おも》んじ、自宅《じたく》の除染《じょせん》や農家《のうか》の放射線対策《ほうしゃせんたいさく》などへの取材《しゅざい》をおこなっていく。

著者《ちょしゃ》プロフィール

山本《やまもと》おさむ

1954年生《ねんう》まれ。『ぼくたちの疾走《しっそう》』『遥《はる》かなる甲子園《こうしえん》』『わが指《ゆび》のオーケストラ』『どんぐりの家《いえ》』『そばもん　日《に》本蕎麦行脚《ほんそばあんぎゃ》』『津軽《つがる》』ほか代表作多数《だいひょうさくたすう》。『今日《きょう》もいい天気《てんき》』は第《だい》42回日本漫画家協会賞特別賞《かいにほんまんがかきょうかいしょうとくべつしょう》を受賞《じゅしょう》した。

「サン 死《し》ぬのは負《ま》けだ 繭《まゆ》を破《やぶ》ってふ化《か》するんだ 絶《ぜっ》対《たい》に学《がっ》校《こう》に戻《もど》るために」

サン!!
……蚕は手榴弾なんか使わないんだ
自分で繭を破るんだ
?
サン
死ぬのは負けだ
繭を破ってふ化するんだ
絶対に学校に戻るために

▶ふたりは海岸《かいがん》で手《しゅ》りゅう弾《だん》を使《つか》って自決《じけつ》していく少女《しょうじょ》たちの集団《しゅうだん》から逃《に》げます。

凄惨《せいさん》な戦場《せんじょう》で生《い》き残《のこ》っていくために 少女《しょうじょ》は想像《そうぞう》の繭《まゆ》で身《み》をかためた。

太平洋戦争《たいへいようせんそう》の末期《まっき》、アメリカ軍《ぐん》はいよいよ沖縄諸島《おきなわしょとう》にせまり、島《しま》の女学生《じょがくせい》たちもガマ(自然《しぜん》に形成《けいせい》された大《おお》きな洞窟《どうくつ》)の病院壕《びょういんごう》でけが人《にん》の看護《かんご》にあたることになりました。

主人公《しゅじんこう》のサンをふくむ少女《しょうじょ》たちは、いきなり大《おお》けがをした兵隊《へいたい》やちぎれた体《からだ》の一部《いちぶ》、死体《したい》を運《はこ》ばされ、おどろきのあまりはいてしまうなどショックをかくせず、現実《げんじつ》を受《う》け入《い》れられませんでした。

やがてガマは重傷患者《じゅうしょうかんじゃ》と栄養失調《えいようしっちょう》で動《うご》けなくなった人《ひと》たちと死体《したい》であふれかえり、薬《くすり》も食料《しょくりょう》も底《そこ》をつきます。サンはマユ先輩《せんぱい》にはげまされ、「頑張《がんば》らなきゃ、お国《くに》のために」と自分《じぶん》に言《い》い聞《き》かせますが、もはや精神《せいしん》は限界《げんかい》でした。そしてサンは友人《ゆうじん》たちと歌《うた》を歌《うた》い、想像《そうぞう》の世界《せかい》に逃《に》げこむことで自分《じぶん》の精神《せいしん》をまもるのでした。

敵《てき》の攻撃《こうげき》はますます激《はげ》しくなって、ガマは軍《ぐん》の命令《めいれい》で基地《きち》として利用《りよう》されることに

なり、サンたちは敵《てき》の銃弾《じゅうだん》や爆弾《ばくだん》が降《ふ》りそそぐ外《そと》に、追《お》い出《だ》されてしまいます。「南《みなみ》の岬《みさき》を目指《めざ》し、一気《いっき》にかけぬけなさい」と大人《おとな》の看護師《かんごし》に言《い》われても、爆撃《ばくげき》や火炎《かえん》放射《ほうしゃ》の攻撃《こうげき》で思《おも》うようには進《すす》めません。命《いのち》からがら、他《ほか》のガマに逃《に》げこむと、そこには死体《したい》の山《やま》がありました。みんな甘《あま》いミルクに見《み》せかけた毒《どく》を飲《の》まされ殺《ころ》されてしまったのです。

逃《に》げきれずひとり、またひとりと友人《ゆうじん》たちはたおれていきます。「うじ虫《むし》まみれで…もう頑張《がんば》れない、おかあさんごめんなさい」そう言《い》い残《のこ》して自殺《じさつ》する仲間《なかま》や、「お国《くに》の勝利《しょうり》のため、純潔《じゅんけつ》を奪《うば》われるくらいなら死《し》ぬわ」とみんなで輪《わ》になって手《しゅ》りゅう弾《だん》で自決《じけつ》する少女《しょうじょ》たちもいました。しかし、〝私《わたし》にはその資格《しかく》はない〟とサンは思《おも》いました。サンは追《お》いつめられた味方《みかた》の兵士《へいし》に襲《おそ》われていたのでした。

「死《し》ぬのは負《ま》けだ、…前《まえ》だけ見《み》ろ」とはげまし続《つづ》けてくれたマユ先輩《せんぱい》も敵《てき》の銃弾《じゅうだん》にたおれ、サンはひとりきりになってしまいます。死《し》にぎわに、おまじないの言葉《ことば》をねだるマユ先輩《せんぱい》に「私《わたし》たちは想像《そうぞう》の繭《まゆ》に守《まも》られている……」とサンはささやきながら想像《そうぞう》の世界《せかい》に逃避《とうひ》します。マユ先輩《せんぱい》はその言葉《ことば》を聞《き》いて息《いき》を引《ひ》きとりましたが、皮肉《ひにく》にもその直後《ちょくご》に、サンは敵《てき》であるはずのアメリカ兵《へい》に保護《ほご》され、ひとり助《たす》かるのでした。

結局《けっきょく》、サンは名誉《めいよ》の自決《じけつ》をこばみ、想像《そうぞう》の世界《せかい》に逃《に》げこみつつ、生《い》きのびることに全力《ぜんりょく》をつくします。果《は》たしてそれはずるいことなのでしょうか。「夢想《むそう》」は、戦争《せんじょう》という極限状態《きょくげんじょうたい》だけでなく、平和《へいわ》な日常《にちじょう》においてさえ、無力《むりょく》な少女《しょうじょ》を取《と》りまく圧倒的《あっとうてき》な暴《ぼう》力《りょく》の中《なか》で生《い》きのびるためのひとつの手段《しゅだん》なのかもしれません。

▲毒《どく》を飲《の》まされて死《し》んでいった重症患者《じゅうしょうかんじゃ》たちのかくれていたガマからは、甘《あま》い砂糖《さとう》の匂《にお》いがしました。

著者《ちょしゃ》プロフィール

今日《きょう》マチ子《こ》

2004年《ねん》より自身《じしん》のブログではじめた1ページ漫《まん》画《が》『センネン画報《がほう》』が評判《ひょうばん》となりデビュー。代表作品《だいひょうさくひん》『cocoon《コクーン》』『アノネ、』『ぱらいそ』『センネン画報《がほう》』『みかこさん』『猫嬢《ねこじょう》ムーム』『いちご戦争《せんそう》』ほか多数《たすう》。

作品《さくひん》紹介《しょうかい》

『cocoon《コクーン》』

今日《きょう》マチ子《こ》　発行《はっこう》：秋田書店《あきたしょてん》

太平洋戦争末期《たいへいようせんそうまっき》の沖縄《おきなわ》、ひめゆり部隊《ぶたい》の少女《しょうじょ》たちの凄惨《せいさん》な体験《たいけん》などを題材《だいざい》にしたフィクションの物語《ものがたり》。

沖縄《おきなわ》の女学生《じょがくせい》のサンは看護隊《かんごたい》として、自然壕《しぜんごう》（ガマ）の中《なか》につくられた軍《ぐん》の病院《びょういん》で、けがをした兵士《へいし》の世話《せわ》などに従事《じゅうじ》する。しかし、敵《てき》の攻撃《こうげき》は激《はげ》しさを増《ま》し、ガマの中《なか》は重傷者《じゅうしょうしゃ》であふれかえり、治療《ちりょう》もできずただ死体《したい》を運《はこ》び出《だ》すだけの状況《じょうきょう》に。劣勢《れっせい》に立《た》たされた軍《ぐん》はガマに立《た》てこもるため、銃弾《じゅうだん》が飛《と》びかい、爆撃《ばくげき》と火炎放射《かえんほうしゃ》が続《つづ》くガマの外《そと》に少女《しょうじょ》たちを追《お》い出《だ》してしまう。少女《しょうじょ》たちはなすすべなく次々《つぎつぎ》と敵弾《てきだん》にたおれ、飢《う》えと恐怖《きょうふ》から自決《じけつ》していく。死《し》ととなり合《あ》わせの状況《じょうきょう》の中《なか》で、サンはそれでも必死《ひっし》に生《い》きのびようとする。

「今《いま》の世界《せかい》で明日《あした》やろうなんて言《い》ってたら何《なに》もできやしない」

全面《ぜんめん》核戦争《かくせんそう》から生《い》き残《のこ》った小学生《しょうがくせい》たちのサバイバルが始《はじ》まった。

198×年《ねん》9月《がつ》3日《にち》、なんの前《まえ》ぶれもなく東京《とうきょう》が核攻撃《かくこうげき》を受《う》けます。そのとき、小学《しょうがく》6年生《ねんせい》の主人公《しゅじんこう》安田《やすだ》オサムは、おさななじみのみつ子《こ》や、物知《ものし》りのサトルなどクラスメイト、そして担任《たんにん》の北川《きたがわ》先生《せんせい》とともに、偶然《ぐうぜん》、学校《がっこう》に実験的《じっけんてき》に作《つく》られた核《かく》シェルター内《ない》にいました。

2分《ふん》を切《き》った核爆弾着弾《かくばくだんちゃくだん》までのタイマーを見《み》たオサムたちは、近《ちか》くにいた生徒《せいと》たちといっしょに避難《ひなん》しとびらを閉《と》じます。直後《ちょくご》にシェルターは爆発《ばくはつ》の衝撃《しょうげき》にさらされました。

1カ月間《げつかん》、シェルターの中《なか》で、外《そと》の放射線量《ほうしゃせんりょう》が下《さ》がるのを待《ま》ち、オサムたちが外《そと》に出《で》てみると、そこには焼《や》け果《は》て廃墟《はいきょ》となった町《まち》と、無数《むすう》の死体《したい》が転《ころ》がり、生存者《せいぞんしゃ》の姿《すがた》はありませんでした。シェルターの食料《しょくりょう》などにも限界《げんかい》があるため、生《い》き残《のこ》った北川《きたがわ》先生《せんせい》と122人《にん》の生徒《せいと》たちは、学校《がっこう》の校舎《こうしゃ》に共同生活《きょうどうせいかつ》の場《ば》を移《うつ》し、街《まち》の商店《しょうてん》や倉庫《そうこ》から放射性物質《ほうしゃせいぶっしつ》に汚染《おせん》されていない食料品《しょくりょうひん》や日常品《にちじょうひん》を探《さが》しました。きびしいサバイバル生活《せいかつ》が始《はじ》まったのです。

◀熱《ねつ》で変形《へんけい》した核《かく》シェルターのふたを開《あ》けようと奮闘《ふんとう》するふたり。大人《おとな》の生存《せいぞん》者《しゃ》がいるかもしれないと期待《き》していたのだが……。

飛《と》ぶ教室《きょうしつ》1 災害《さいがい》の日《ひ》の巻《まき》

だれでもいつか、
大人《おとな》や先輩《せんぱい》にたよれないときが来《く》る。
そのときに何《なに》ができるかは、
築《きず》いたきずなと、
日《ひ》ごろの積《つ》み重《かさ》ねで決《き》まる。

オサムはサトルとともに、生存者《せいぞんしゃ》を探《さが》しに、ほかの核《かく》シェルターがある近《ちか》くの都市《とし》に向《む》かいます。しかし、たどり着《つ》いたO市《し》のシェルターは、爆風《ばくふう》にたえることができず破壊《はかい》され、また食料《しょくりょう》をめぐって殺《ころ》しあいがおきて生存者《せいぞんしゃ》はゼロでした。

またU市《し》にはサトルの叔父《おじ》が務《つと》める情報処《じょうほうしょ》理機器会社《りききがいしゃ》があり、サトルたちはビルの地下《ちか》のコンピューターから、全面核戦争《ぜんめんかくせんそう》がおきた原因《げんいん》の断片《だんぺん》を知《し》ります。平和《へいわ》はギリギリのバランスで保《たも》たれていたのです。そして崩壊《ほうかい》するビル内《ない》で叔父《おじ》の遺体《いたい》を見《み》つけ悲《かな》しみのあまり動《うご》けなくなったサトルを、命《いのち》がけでオサムは助《たす》け、彼《かれ》らはS市《し》に向《む》かいました。

S市《し》の核《かく》シェルターには、生存者《せいぞんしゃ》がいましたが、ハッチが熱《ねつ》で変形《へんけい》し人力《じんりき》では開《ひら》きません。ハッチにロープをかけ、サトルが乗《の》ってきたスクーターで引《ひ》っぱりますが、何度《なんど》も失敗《しっぱい》してしまいます。オサムは、転《ころ》び傷《きず》ついていくサトルを見《み》て、「もう今日《きょう》はやめよう　明日考《あしたかんが》えよう」と言《い》いますが、サトルは、「明日《あした》やろうなんて言《い》っていたら何《なに》もできやしない」と答《こた》えます。オサムはその言葉《ことば》に感動《かんどう》し希望《きぼう》を得《え》ます。そして力《ちから》をふりしぼり、ようやくハッチをこじ開《あ》けることに成功《せいこう》したのでした。

だれでもいつの日《ひ》か、大人《おとな》や先輩《せんぱい》たちにたよらず自分《じぶん》で決《き》め、自力《じりき》で生《い》きなければならないときが来《き》ます。そのときに何《なに》ができるかは、それまでに築《きず》いた、人々《ひとびと》とのきずなと知識《ちしき》と知恵《ちえ》の積《つ》み重《かさ》ねで決《き》まります。

だから、先生《せんせい》はこの極限状況《きょくげんじょうきょう》でも、大切《たいせつ》な授業《じゅぎょう》を決《けっ》して休《やす》むことはなかったのです。

核《かく》シェルターとは？

核兵器《かくへいき》のきわめて強《つよ》い熱風《ねっぷう》と放射線《ほうしゃせん》から身《み》を守《まも》るための、一時待避施設《いちじたいひしせつ》のことです。

1945年《ねん》から1989年《ねん》ごろまで続《つづ》いた冷戦時《れいせんじ》には、核《かく》が使用《しよう》されるかもしれないという恐怖《きょうふ》から、公的《こうてき》、私的問《してきと》わず核《かく》シェルターが数多《かずおお》くつくられました。

核攻撃《かくこうげき》の直撃《ちょくげき》にたえる性能《せいのう》はありませんが、爆心地《ばくしんち》から少《すこ》し離《はな》れた場所《ばしょ》での生存確率《せいぞんかくりつ》は上《あ》がります。

著者《ちょしゃ》プロフィール

ひらまつつとむ

1983年、武論尊原作《ぶろんそんげんさく》の『マッド・ドッグ』（鷹沢圭名義《たかざわけいめいぎ》）にてデビュー。代表作《だいひょうさく》に、『ハッスル拳法《けんぽう》つよし』『ミアフィールドの少女《しょうじょ》アニー』などがある。

作品紹介《さくひんしょうかい》

『飛《と》ぶ教室《きょうしつ》1 災害《さいがい》の日《ひ》の巻《まき》』

著《ちょ》：ひらまつつとむ　発行《はっこう》：復刊《ふっかん》ドットコム

1985年に「週刊少年《しゅうかんしょうねん》ジャンプ」にて連載《れんさい》された作品《さくひん》。

なんの前《まえ》ぶれもなくおきた全面核戦争《ぜんめんかくせんそう》。小学《しょうがく》6年生《ねんせい》の主人公《しゅじんこう》オサムと、ひとりの女性教師《じょせいきょうし》をふくむ122人《にん》の小学生《しょうがくせい》たちは、たまたま学校内《がっこうない》に実験的《じっけんてき》に作《つく》られた核《かく》シェルターにいたために、核爆弾《かくばくだん》の攻撃《こうげき》から身《み》を守《まも》ることができた。放射線量《ほうしゃせんりょう》が下《さ》がるのを待《ま》ってから外《そと》へ出《で》た彼《かれ》らが見《み》たものは、焼《や》け果《は》て廃墟《はいきょ》となった町《まち》、遠《とお》くから吹《ふ》き飛《と》ばされてきた高層《こうそう》ビル、そしてたくさんの死体《したい》だった。

たったひとりの大人《おとな》の生存者《せいぞんしゃ》、北川《きたがわ》ひろみ先生《せんせい》と子《こ》どもたちの生《い》き残《のこ》るための厳《きび》しい戦《たたか》いを描《えが》いた作品《さくひん》。

「…もう…しかたがない…生《い》きていくにはそれしか無《な》い」

極寒《ごっかん》のシベリア収容所《しゅうようじょ》で、体験《たいけん》した“絶望《ぜつぼう》”という名《な》の恐怖《きょうふ》。

本作《ほんさく》の主人公《しゅじんこう》・小澤《おざわ》は、第《だい》2次《じ》世界《せかい》大戦《たいせん》末期《まっき》に、補充兵《ほじゅうへい》として、冬《ふゆ》はマイナス30度《ど》にもなる極寒《ごっかん》の地《ち》、北満州《きたまんしゅう》に学徒出陣《がくとしゅつじん》します。しかし終戦後《しゅうせんご》、ソ連《れん》の捕虜《ほりょ》として連《つ》れて行《い》かれた先《さき》は、さらに寒《さむ》さのきびしいシベリアのキヴダ収容所《しゅうようじょ》でした。

いつ帰国《きこく》できるかもわからない収容所《しゅうようじょ》での生活《せいかつ》は、苛酷《かこく》を極《きわ》めます。極寒《ごっかん》の中《なか》での厳《きび》しい労働《ろうどう》、食事《しょくじ》はもともと少《すく》なく、労働《ろうどう》の成績《せいせき》次第《しだい》でさらに食事《しょくじ》をへらされ、栄養《えいよう》失調《しっちょう》になってしまう者《もの》もいました。絶望《ぜつぼう》し、生《い》きる気力《きりょく》を失《うしな》い、病気《びょうき》でたおれる者《もの》が続出《ぞくしゅつ》し、次々《つぎつぎ》と仲間《なかま》は死《し》んでいきました。

死《し》に対《たい》する感覚《かんかく》がまひする中《なか》、仲間《なかま》の理不尽《りふじん》な死《し》を見送《みおく》り続《つづ》けた小澤《おざわ》も、ついに急性《きゅうせい》肺炎《はいえん》になります。しかし、かろうじて死《し》の一歩手前《いっぽてまえ》でふみとどまった彼《かれ》は、完治後《かんちご》、体力《たいりょく》のない、非力《ひりき》な者《もの》たちとともに、ライチハ収容所《しゅうようじょ》へと移送《いそう》させられることになります。

◀キヴダからライチハに移送《いそう》されたとき、キウダの収容者《しゅうようしゃ》が日本《にほん》に帰《かえ》ったことを知《し》り呆然《ぼうぜん》とする。

先《さき》の見《み》えない苛酷《かこく》な状況《じょうきょう》で、精神《せいしん》を健全《けんぜん》に保《たも》つためにどうすべきなのだろうか。

異動先《いどうさき》のライチハ収容所《しゅうようじょ》の環境《かんきょう》は、キヴダよりは恵《めぐ》まれていました。しかし、そこでは共産主義教育《きょうさんしゅぎきょういく》が積極的《せっきょくてき》に行《おこな》われ、やがて一部《いちぶ》の人々《ひとびと》が、元上官《もとじょうかん》やインテリ、あるいは単《たん》に気《き》に入《い》らない者《もの》をつるし上《あ》げ、いじめやリンチをおこなうようになりました。

共産主義思想《きょうさんしゅぎしそう》に賛同《さんどう》しない者《もの》は帰国《きこく》できないといううわさも流《なが》れ、みな必死《ひっし》で言葉《ことば》を選《えら》び、態度《たいど》をあわせました。心《こころ》の底《そこ》から洗脳《せんのう》されてしまった人《ひと》もいましたが、小澤《おざわ》たちは表面的《ひょうめんてき》には話《はなし》をあわせ、〝流《なが》れるように〟生《い》きることで、その仮面《かめん》の下《した》にたしかな自分《じぶん》の意思《いし》を持《も》ち続《つづ》けることができたのです。

その後《ご》、何度《なんど》か収容先《しゅうようさき》を変《か》えられたのち、小澤《おざわ》はようやく帰国《きこく》がかないました。しかし、帰国後《きこくご》は一転《いってん》して復員兵《ふくいんへい》は「アカ（共産主義者《きょうさんしゅぎしゃ》）」とみなされ、就職《しゅうしょく》などで差別的《さべつてき》なあつかいを受《う》けてしまいます。戦場《せんじょう》で死《し》ぬ目《め》にあい、帰国《きこく》してなお差別《さべつ》にあう。戦争《せんそう》の生《う》み出《だ》す理不尽《りふじん》な実体験《じったいけん》、そのつらい思《おも》い出《で》を語《かた》れる生存者《せいぞんしゃ》の多《おお》くは、もう90歳《さい》をこえ、証言《しょうげん》の灯《ひ》は消《き》えようとしています。

私《わたし》たちは、この体験談《たいけんだん》から何《なに》を学《まな》び、どのように平和《へいわ》な世界《せかい》を守《まも》り続《つづ》けていけばよいかを考《かんが》えていかなければならないのです。

強制収容所《きょうせいしゅうようじょ》（ゲーラリ）で何《なに》があったのか

冬《ふゆ》には極寒《ごっかん》の地《ち》となるシベリア、ハバロフスクなどを中心《ちゅうしん》に、ロシア革命《かくめい》からソビエト連邦《れんぼう》（ソ連《れん》）崩壊直前《ほうかいちょくぜん》まで500 ヶ所以上《しょいじょう》の強制収容所《きょうせいしゅうようじょ》が存在《そんざい》していました。強制収容所《きょうせいしゅうようじょ》では、犯罪者《はんざいしゃ》や共産主義《きょうさんしゅぎ》に反対《はんたい》する政治犯《せいじはん》、そして敵国《てきこく》の捕虜《ほりょ》などに対《たい》して、広大《こうだい》な未開拓地《みかいたくち》の開墾作業《かいこんさぎょう》を強要《きょうよう》、事実上《じじつじょう》の奴隷《どれい》のように扱《あつか》っていました。ソ連軍《れんせん》に捕虜《ほりょ》にされた日本人《にほんじん》やドイツ人《じん》もその施設《しせつ》に強制的《きょうせいてき》に収容《しゅうよう》されたのです。

収容人数《しゅうようにんずう》は、一説《いっせつ》には1000万人《まんにん》を越《こ》えたともいわれ、多《おお》くの命《いのち》が飢《う》えと寒《さむ》さで失《うしな》われました。本来《ほんらい》の刑罰《けいばつ》、労働力《ろうどうりょく》の確保《かくほ》としての意味以外《いみいがい》に、終《お》わりの見《み》えない厳《きび》しい環境下《かんきょうか》に置《お》くことで、ソ連《れん》の政治体制《せいじたいせい》に屈服《くっぷく》させる目的《もくてき》もあり、特《とく》に捕虜《ほりょ》に対《たい》しては、労働《ろうどう》と共《とも》に共産主義教育《きょうさんしゅぎきょういく》が重視《じゅうし》され、逆《さか》らう者《もの》や疑問《ぎもん》を持《も》つ者《もの》は帰国《きこく》を許《ゆる》さないなど、思想改造《しそうかいぞう》の目的《もくてき》も強《つよ》くあったようです。

著者《ちょしゃ》プロフィール

おざわゆき

1964年《ねん》生《う》まれ。愛知県出身《あいちけんしゅっしん》。2013年《ねん》に『凍《こお》りの掌《て》シベリア抑留記《よくりゅうき》』にて、文化庁《ぶんかちょう》メディア芸術祭《げいじゅつさい》マンガ部門《ぶもん》新人賞《しんじんしょう》を受賞《じゅしょう》。2015年《ねん》、同作《どうさく》および『あとかたの街《まち》』の2作《さく》にて、第《だい》44回日本漫画家協会賞《かいにほんまんがかきょうかいしょう》コミック部門大賞《ぶもんたいしょう》を受賞《じゅしょう》。2016年《ねん》12月現在《がつげんざい》、「BE LOVE」にて『傘寿《さんじゅ》まり子《こ》』連載中《れんさいちゅう》、コミックス第《だい》1巻好評発売中《かんこうひょうはつばいちゅう》。このほか、代表作《だいひょうさく》に『築地《つきじ》はらぺこ回遊記《かいゆうき》』『築地《つきじ》まんぷく回遊記《かいゆうき》』などがある。

作品紹介《さくひんしょうかい》 『凍《こお》りの掌《て》 シベリア抑留記《よくりゅうき》』

著《ちょ》：おざわゆき　発行《はっこう》：講談社《こうだんしゃ》

著者《ちょしゃ》の父《ちち》の戦争体験《せんそうたいけん》をもとに描《えが》かれた作品《さくひん》。主人公《しゅじんこう》の小澤《おざわ》は、第二次世界大戦末期《だいにじせかいたいせんまっき》に学徒出陣《がくとしゅつじん》、補充兵《ほじゅうへい》として極寒《ごっかん》の北満州《きたまんしゅう》に送《おく》られた。後方勤務《こうほうきんむ》として、実戦《じっせん》を経験《けいけん》しないまま過《す》ごす日々《ひび》は、突然《とつぜん》のソ連軍《れんぐん》の侵攻《しんこう》によって破《やぶ》られる。停戦後《ていせんご》、ソ連《れん》の捕虜《ほりょ》として連《つ》れて行《い》かれた先《さき》は、シベリアのキウダ収容所《しゅうようじょ》だった。収容所《しゅうようじょ》での生活《せいかつ》は苛酷《かこく》を極《きわ》め、極寒《ごっかん》の状況《じょうきょう》での強制労働《きょうせいろうどう》、食料難《しょくりょうなん》から来《く》る栄養失調《えいようしっちょう》などから、死亡者《しぼうしゃ》が続出《ぞくしゅつ》していく。小澤《おざわ》はなんとか生《い》きのび、無事日本《ぶじにほん》に帰国《きこく》することができたが、シベリア抑留者《よくりゅうしゃ》を見《み》る世間《せけん》の目《め》は偏見《へんけん》と差別《さべつ》に変《か》わっていた。

「こんな原《げん》始《し》的《てき》でちっぽけなことだけど とことんやって やり尽《つ》くすしか方《ほう》法《ほう》はない」

天《てん》才《さい》数《すう》学《がく》者《しゃ》の櫂《かい》直《ただし》は超《ちょう》巨《きょ》大《だい》戦《せん》艦《かん》の建《けん》造《ぞう》費《ひ》を、ほとんど資《し》料《りょう》の無《な》い所《ところ》から求《もと》める仕《し》事《ごと》を引《ひ》き受《う》ける。

1933年《ねん》、新《しん》型《がた》戦《せん》艦《かん》建《けん》造《ぞう》計《けい》画《かく》会《かい》議《ぎ》が開《ひら》かれ、山《やま》本《もと》五《い》十《そ》六《ろく》が推《お》す、「高《こう》速《そく》小《こ》型《がた》戦《せん》艦《かん》」案《あん》と、平《ひら》山《やま》忠《ただ》道《みち》造《ぞう》船《せん》中《ちゅう》将《じょう》が担《たん》当《とう》する「超《ちょう》巨《きょ》大《だい》戦《せん》艦《かん》」案《あん》が対《たい》立《りつ》しますが、平《ひら》山《やま》案《あん》が有《ゆう》力《りょく》候《こう》補《ほ》になります。

山《やま》本《もと》は、超《ちょう》巨《きょ》大《だい》戦《せん》艦《かん》案《あん》の見《み》積《つ》もりに不《ふ》正《せい》の疑《うたが》いをもち、これをあばくため、元《もと》帝《てい》大《だい》生《せい》で数《すう》学《がく》の天《てん》才《さい》、櫂《かい》直《ただし》に調《ちょう》査《さ》を命《めい》じます。超《ちょう》巨《きょ》大《だい》戦《せん》艦《かん》の艦《かん》名《めい》が平《ひら》山《やま》陣《じん》営《えい》側《がわ》で「大《や》和《まと》」と決《き》まる中《なか》、櫂《かい》少《しょう》佐《さ》はたったひとりの部《ぶ》下《か》とともに平《ひら》山《やま》案《あん》の調《ちょう》査《さ》を始《はじ》めます。しかし排《はい》水《すい》量《りょう》、兵《へい》装《そう》、速《そく》力《りょく》、予《よ》算《さん》などの簡《かん》単《たん》な資《し》

今やれることはこれしかない
こんな原始的でちっぽけなことだけど
とことんやってやり尽くすしか方法はない
やるなら徹底的にやる!
ちいさいことを全力でやる!

▲いくら長《なが》門《と》を巻《ま》き尺《じゃく》で測《はか》ったところで、大《や》和《まと》の見《み》積《つ》もりの不《ふ》正《せい》をあばくことなど不《ふ》可《か》能《のう》だと、たかをくくっていた平《ひら》山《やま》陣《じん》営《えい》だったが……。

料《りょう》しか手《て》に入《はい》りません。

彼《かれ》は「実物《じつぶつ》を見《み》るしかない」と、当時活躍《とうじかつやく》していた大型戦艦《おおがたせんかん》「長門《ながと》」に乗艦《じょうかん》し、詳細《しょうさい》に計測《けいそく》。さらにぎ装図《そうず》を見《み》ることにも成功《せいこう》します。

長門《ながと》の大《おお》きさと、超巨大戦艦案《ちょうきょだいせんかんあん》の大《おお》きさを比較《ひかく》し比率《ひりつ》を算出《さんしゅつ》、さらに艦内《かんない》を歩数《ほすう》や巻尺《まきじゃく》でコツコツと実測《じっそく》し、またボルトの使《し》用数《ようすう》などを記録《きろく》していきました。そして改《あらた》めて、超巨大戦艦《ちょうきょだいせんかん》はお金《かね》のむだづかいであると確信《かくしん》します。

小《ちい》さなこと、単純《たんじゅん》なことでも論理的《ろんりてき》に積《つ》み重《かさ》ねれば、大《おお》きなこと、複雑《ふくざつ》なことを成《な》すことができる。

「こんな原始的《げんしてき》でちっぽけなことだけどとことんやって　やり尽《つ》くすしか方法《ほうほう》はない」と、地道《じみち》にぼうだいな数《かず》の数字《すうじ》を集《あつ》めた櫂少佐《かいしょうさ》は、まず「長門《ながと》」の船体構造《せんたいこうぞう》の概略《がいりゃく》図《ず》を起《お》こしました。そこに、比率《ひりつ》と兵装案《へいそうあん》などを重《かさ》ねて全体像《ぜんたいぞう》を具体的《ぐたいてき》に把握《はあく》し、ついに超巨大戦艦案《ちょうきょだいせんかんあん》の本当《ほんとう》の建造費《けんぞうひ》の算出《さんしゅつ》に成功《せいこう》します。

たとえ巨大戦艦《きょだいせんかん》であろうと、小《ちい》さな部品《ぶひん》で構成《こうせい》されています。櫂少佐《かいしょうさ》は、手《て》のとどく場所《ばしょ》から行動《こうどう》し、「長門《ながと》」の細部《さいぶ》を計測《けいそく》し続《つづ》けた結果《けっか》、その全体像《ぜんたいぞう》を知《し》り、さらには超巨大戦艦案《ちょうきょだいせんかんあん》の全体像《ぜんたいぞう》の把握《はあく》という難題《なんだい》を解決《かいけつ》したのです。

学校《がっこう》でも社会人《しゃかいじん》になってからも人生《じんせい》において、大《おお》きな課題《かだい》に挑戦《ちょうせん》する機会《きかい》は何度《なんど》もあるでしょう。そんな壁《かべ》をのりこえるには、課題全体《かだいぜんたい》を想像《そうぞう》しつつ細部《さいぶ》を地道《じみち》に調《しら》べ、筋道《すじみち》を立《た》てて組《く》みあげる思考力《しこうりょく》、そして小《ちい》さなひとつひとつの作業《さぎょう》を重《かさ》ねていくねばり強《つよ》い意思《いし》の力《ちから》、どちらがかけても結果《けっか》にたどりつけないのです。

戦艦長門《せんかんながと》とは？

「長門《ながと》」は、1920年《ねん》に完成《かんせい》した大日本《だいにっぽん》帝国海軍《ていこくかいぐん》の「長門型戦艦《ながとがたせんかん》」の1番艦《ばんかん》で、長門国《ながとこく》（現在《げんざい》の山口県《やまぐちけん》あたり）を名前《なまえ》の由来《ゆらい》にもちます。

全長《ぜんちょう》224.94メートル、基準排水量《きじゅんはいすいりょう》39,120トンの巨体《きょたい》に、当時《とうじ》としては最《さい》大級《だいきゅう》の主砲《しゅほう》45口径《こうけい》41cm連装砲《れんそうほう》4基《き》を装備《そうび》しながらも、最大速力《さいだいそくりょく》26.5ノットを出《だ》せる高速艦《こうそくかん》であり、その性能《せいのう》は後《のち》の軍艦史《ぐんかんし》に大《おお》きな影響《えいきょう》を与《あた》えました。

2番艦《ばんかん》の「陸奥《むつ》」とともに連合艦隊《れんごうかんたい》旗艦《きかん》を務《つと》め、第二次世界大戦末期《だいにじせかいたいせんまっき》まで日本海軍《にほんかいぐん》の象徴《しょうちょう》として親《した》しまれました。

著者《ちょしゃ》プロフィール

三田紀房《みたのりふさ》

1958年《ねん》生《う》まれ。岩手県出身《いわてけんしゅっしん》。2005年《ねん》に『ドラゴン桜《さくら》』にて、第《だい》29回《かい》講談社漫画賞《こうだんしゃまんがしょう》、平成《へいせい》17年度文化庁《ねんぶんかちょう》メディア芸術祭《げいじゅつさい》マンガ部門優秀賞《ぶもんゆうしゅうしょう》を受賞《じゅしょう》。代表作《だいひょうさく》に『ドラゴン桜《さくら》』『エンゼルバンク』『クロカン』『砂《すな》の栄冠《えいかん》』などがある。

作品《さくひん》紹介《しょうかい》

『アルキメデスの大戦《たいせん》』

著《ちょ》：三田紀房《みたのりふさ》　発行《はっこう》：講談社《こうだんしゃ》

1933年《ねん》、新型戦艦建造計画会議《しんがたせんかんけんぞうけいかくかいぎ》が開《ひら》かれ、高速小型戦艦《こうそくこがたせんかん》案《あん》を出《だ》す「航空主兵主義《こうくうしゅへいしゅぎ》」派《は》と、超巨大戦艦案《ちょうきょだいせんかんあん》を出《だ》す「大艦《たいかん》巨砲主義《きょほうしゅぎ》」派《は》のふたつの陣営《じんえい》が、設計採用《せっけいさいよう》を争《あらそ》うことになる。

山本五十六《やまもといそろく》が推《お》す高速小型戦艦案《こうそくこがたせんかんあん》にくらべて、超巨大戦艦《ちょうきょだいせんかん》案《あん》の建造費《けんぞうひ》の見積《みつ》もりは異常《いじょう》に安《やす》く、不正《ふせい》の疑《うたが》いを持《も》った山《やま》本《もと》はこれをあばくために、元帝大生《もとていだいせい》の数学《すうがく》の天才《てんさい》、櫂直《かいただし》を主《しゅ》計少佐《けいしょうさ》としてむかえいれる。

櫂《かい》は、情報《じょうほう》も資料《しりょう》も無《な》く軍内部《ぐんないぶ》に味方《みかた》がほぼいない状態《じょうたい》にもかかわらず、超巨大戦艦建造見積《ちょうきょだいせんかんけんぞうみつ》もり費用《ひよう》の真相《しんそう》を解《と》き明《あ》かしていく。

「戦《せん》争《そう》は　人間《にんげん》を悪魔《あくま》にする 戦争《せんそう》をこの地上《ちじょう》からなくさないかぎり 地上《ちじょう》は天国《てんごく》になりえない……」

▲日本《にほん》に帰《かえ》って、雨《あめ》の日《ひ》に戦争《せんそう》を思《おも》い出《だ》す水木《みずき》しげる。

味方《みかた》の全滅《ぜんめつ》からからくも逃《のが》れた水木《みずき》は本隊《ほんたい》復帰《ふっき》を目指《めざ》し、敗走《はいそう》する。

1944年《ねん》の夏《なつ》、著者《ちょしゃ》水木《みずき》しげるは、1943年《ねん》に召集《しょうしゅう》され、徴兵試験《ちょうへいしけん》で体《からだ》は大《おお》きくがんじょうそうだったが近眼《きんがん》のため補《ほ》充兵役《じゅうへいえき》に編入《へんにゅう》されます。そして帝国陸軍《ていこくりくぐん》の軍人《ぐんじん》としてニューギニア戦線《せんせん》に出征《しゅっせい》となります。

彼《かれ》が22歳《さい》のとき、ニューブリテン島《とう》の中《ちゅう》部《ぶ》で戦闘《せんとう》になります。戦闘後《せんとうご》、味方《みかた》は水木《みずき》自身《じしん》と鈴木《すずき》の2名《めい》しか生《い》き残《のこ》っていませんでした。ふたりは本隊《ほんたい》に復帰《ふっき》するために、日本軍《にほんぐん》の中隊《ちゅうたい》の所在地《しょざいち》を目指《めざ》してジャング

敗走記《はいそうき》

ルや海岸《かいがん》を進《すす》んでいきます。

しかし途中《とちゅう》、鈴木《すずき》は原住民《げんじゅうみん》の槍《やり》に刺《さ》されて殺《ころ》されてしまいます。水木《みずき》は海《うみ》に逃《に》げて海岸線《かいがんせん》にそって泳《およ》ぎ続《つづ》けますが、どこまでも追《お》い続《つづ》けてくる原住民《げんじゅうみん》の存在《そんざい》に恐怖《きょうふ》を感《かん》じます。

何度《なんど》も死《し》ぬ思《おも》いをして、やっと本隊《ほんたい》に戻《もど》った水木《みずき》を待《ま》っていた上官《じょうかん》の言葉《ことば》。

水木《みずき》は一日中《いちにちじゅう》泳《およ》いだことでつかれ、いったんは海岸《かいがん》に上《あ》がろうとしますが、原住民《げんじゅうみん》の群《む》れにつかみかかられ、あわててまた海中《かいちゅう》にもどります。そのうち海中《かいちゅう》にのびた木《き》のうろをくぐって海岸《かいがん》から陸地《りくち》に逃《のが》れることができ、原住民《げんじゅうみん》の追跡《ついせき》をなんとかまくことに成功《せいこう》しました。

ジャングルの中《なか》で野生化《やせいか》した豚《ぶた》と戦《たたか》い、夜《よる》は無数《むすう》のマラリア蚊《か》の大群《たいぐん》に体中《からだじゅう》をさされ、ヤシの実《み》でほんの少《すこ》しの水分《すいぶん》を補給《ほきゅう》し、ついに中隊《ちゅうたい》の居留地《きょりゅうち》にたどり着《つ》きました。すると小隊長《しょうたいちょう》は水木《みずき》に「本来《ほんらい》なら敵前逃亡罪《てきぜんとうぼうざい》※で銃殺《じゅうさつ》だが、すぐに敵《てき》が上陸《じょうりく》してくるから真《ま》っ先《さき》に敵《てき》に突撃《とつげき》しろ」と言《い》ったのです。水木《みずき》はその言葉《ことば》を聞《き》いて、あまりのショックで気《き》を失《うしな》ってしまいます。

生《い》き残《のこ》って帰《かえ》ってくることを、敵《てき》から逃《に》げたと上官《じょうかん》に受《う》け取《と》られてしまったのです。軍隊《ぐんたい》とはいえ、あまりに非人間的《ひにんげんてき》な言葉《ことば》でした。そのときのことを、水木《みずき》は今《いま》も思《おも》い出《だ》します。軍隊《ぐんたい》というところは何《なん》なのだろうかと。そんな軍隊《ぐんたい》を作《つく》って戦争《せんそう》をすることは、人《ひと》を悪魔《あくま》に変《か》えることだと強《つよ》く思《おも》うのでした。

生《い》き残《のこ》るためには、強《つよ》い意志《いし》が必要《ひつよう》です。そして戦争《せんそう》で生《い》き残《のこ》った水木《みずき》は、戦死《せんし》した戦友《せんゆう》に代《か》わって戦争《せんそう》の悲惨《ひさん》さを告発《こくはつ》し、描《えが》き続《つづ》ける責任《せきにん》があると改《あらた》めて思《おも》ったのでしょう。

ニューブリテン島《とう》

南太平洋《みなみたいへいよう》にあるパプアニューギニアにある島《しま》のひとつ。コーヒー、ココア、コプラの産地《さんち》として有名《ゆうめい》。

第一次世界大戦《だいいちじせかいたいせん》まではドイツに統治《とうち》され、その後《ご》オーストラリアが占領《せんりょう》、そしてさらにその後《ご》、日本軍《にほんぐん》により占領《せんりょう》、統治《とうち》された。ラバウル航空隊《こうくうたい》の基地《きち》が建設《けんせつ》され、終戦《しゅうせん》まで日本軍《にほんぐん》が占領《せんりょう》していた。

※敵前逃亡罪《てきぜんとうぼうざい》：兵士《へいし》が軍《ぐん》の命令《めいれい》を受《う》け、任務《にんむ》を続行《ぞっこう》できる状態《じょうたい》にもかかわらず、戦《たたか》わずに逃亡《とうぼう》することは、重大《じゅうだい》な軍規違反《ぐんきいはん》であり、重《おも》い刑《けい》にかけられることもあった。

作品紹介《さくひんしょうかい》

『敗走記《はいそうき》』

著《ちょ》：水木《みずき》しげる　発行《はっこう》：講談社《こうだんしゃ》（講談社文庫《こうだんしゃぶんこ》）

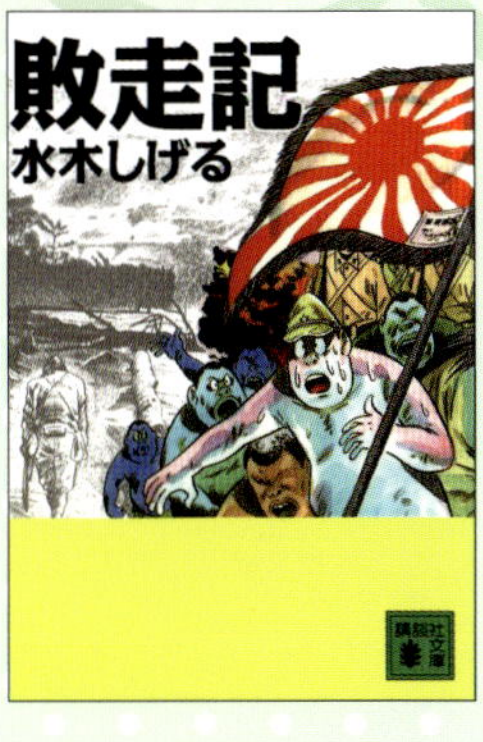

1970年《ねん》2月《がつ》『別冊少年《べっさつしょうねん》マガジン』掲載作品《けいさいさくひん》。水木《みずき》しげるが徴兵《ちょうへい》され、ニューブリテン島《とう》に出征《しゅっせい》し、その戦闘《せんとう》で味方《みかた》がほぼ全滅《ぜんめつ》。彼《かれ》は命《いのち》からがら中隊《ちゅうたい》にもどろうと敗走《はいそう》するが、いっしょだった戦友《せんゆう》の鈴木《すずき》は原住民《げんじゅうみん》の槍《やり》で殺《ころ》されてしまう。彼《かれ》はひとり海《うみ》を泳《およ》いで原住民《げんじゅうみん》の群《む》れから逃《のが》れ、本隊復帰《ほんたいふっき》を果《は》たす。しかし、なんとか生《い》きて帰《かえ》った水木《みずき》に、小隊長《しょうたいちょう》が非情《ひじょう》な言葉《ことば》をあびせかける。

著者《ちょしゃ》プロフィール

水木《みずき》しげる

1922年《ねん》生《う》まれ。鳥取県境港市《とっとりけんさかいみなとし》で幼少期《ようしょうき》を過《す》ごす。紙芝居作家時代《かみしばいさっかじだい》は兵庫県神戸《ひょうごけんこうべ》在住《ざいじゅう》、のちに東京都調布市《とうきょうとちょうふし》に移転《いてん》。代表作《だいひょうさく》『総員玉砕《そういんぎょくさい》せよ！』『ゲゲゲの鬼太郎《きたろう》』『悪魔《あくま》くん』『河童《かっぱ》の三平《さんぺい》』『決定版《けっていばん》 日本妖怪大全《にほんようかいたいぜん》』ほか多《た》数《すう》。2015年没《ねんぼつ》。

「おふたりをどういった世界《せかい》にお連《つ》れしましょうか」「幸《しあわ》せに生《い》きられる世界《せかい》だ」

異形《いぎょう》の家族《かぞく》が出《で》あった化《ば》け物《もの》「くだん」は、未来《みらい》を告《つ》げ、人々《ひとびと》の魂《たましい》を違《ちが》う世界《せかい》に導《みちび》く能力《のうりょく》をもっていた。

生《う》まれつき両腕《りょううで》がなく、耳《みみ》が聞《き》こえず会話《かいわ》はできないが、人《ひと》の心《こころ》が読《よ》める「特別《とくべつ》な」少年《しょうねん》、和郎《かずお》は舟《ふね》に住《す》み、見世物小屋《みせものごや》を営《いとな》む雪之助《ゆきのすけ》家族《かぞく》に拾《ひろ》われます。

戦時下《せんじか》のきびしい生活状況《せいかつじょうきょう》の中《なか》で人々《ひとびと》は、心《こころ》のなぐさめに娯楽《ごらく》を求《もと》めており、異形《いぎょう》な容姿《ようし》を芸《げい》にした「見世物《みせもの》」は、相応《そうおう》の実入《みい》りが得《え》られていました。

あるとき、新《あら》たな出《だ》し物《もの》として未来《みらい》を告《つ》げる化《ば》け物《もの》「くだん」を買《か》いつけにいった雪之助《ゆきのすけ》たちは、軍《ぐん》に先《さき》をこされてしまいます。

そのとき「くだん」の眼《め》を見《み》た和郎《かずお》は、後日《ごじつ》、家族《かぞく》が次々《つぎつぎ》と舟《ふね》を去《さ》っていく夢《ゆめ》を見《み》るようになり、家族《かぞく》がこわれてしまう不安《ふあん》を覚《おぼ》えます。その後《ご》、和郎《かずお》は「くだん」には、未来《みらい》を告《つ》げる予言能力《よげんのうりょく》や魂《たましい》をちがう世界《せかい》に導《みちび》く能力《のうりょく》があることを知《し》ります。「本土《ほんど》に恐《おそ》るべき爆弾《ばくだん》が落《お》ち日本《にほん》は負《ま》ける」という予言《よげん》が、家族《かぞく》をバラバラにしてしまうと不安《ふあん》を覚《おぼ》えた和《かず》

著者《ちょしゃ》プロフィール

漫画《まんが》：近藤《こんどう》ようこ
１９５７年《ねん》生《う》まれ。１９８６年《ねん》に『見晴《みは》らしガ丘《おか》にて』で、第《だい》15回《かい》日本漫画家協会賞優秀賞《にほんまんがかきょうかいしょうゆうしゅうしょう》を受賞《じゅしょう》。代表作《だいひょうさく》に『ルームメイツ』『兄帰《あにかえ》る』などがある。

原作《げんさく》：津原泰水《つはらやすみ》
１９６４年《ねん》生《う》まれ。少女小説《しょうじょしょうせつ》を始《はじ》め、ＳＦ、ミステリ、幻想小説《げんそうしょうせつ》など多《た》ジャンルに渡《わた》って執筆活動《しっぴつかつどう》をおこなう。代表作《だいひょうさく》に「幽明志怪《ゆうめいしかい》シリーズ」『ブラバン』『11』などがある。２０１４年《ねん》には、本作《ほんさく》の原作《げんさく》となった短編《たんぺん》「五色《ごしき》の舟《ふね》」が「ＳＦマガジン」７００号記念企画《ごうきねんきかく》「オールタイム・ベストＳＦ」の国内短篇部門《こくないたんぺんぶもん》で1位《い》に選《えら》ばれた。

ふたりが長く幸せに生きられる世界だ
こんな要望でいいのかい

〔出典〕『五色の舟』漫画：近藤ようこ／原作：津原泰水　発行：KADOKAWA

五色《ごしき》の舟《ふね》

郎《お》と、同《おな》じ夢《ゆめ》を見続《みつづ》けていた桜《さくら》は、この状《じょう》況《きょう》を父《ちち》以《い》外《がい》の家族《かぞく》にも知《し》らせようとしますが上《う》手《ま》くいきません。

家族《かぞく》とは、幸《しあわ》せとは?

突然《とつぜん》、軍《ぐん》から家族《かぞく》全員《ぜんいん》での「くだん」との面《めん》会《かい》許《きょ》可《か》が出《で》ます。出《で》かける間《ま》際《ぎわ》、土《ど》手《て》の上《うえ》から、色《いろ》とりどりの襤《ほ》褸《ろ》布《ぬの》をまとう自《じ》分《ぶん》たちの舟《ふね》が、強《つよ》い夕《ゆ》日《うひ》に照《て》らされるのを見《み》て、和《かず》郎《お》は「満《み》たされている」気《き》持《も》ちにつつまれます。

面《めん》会《かい》中《ちゅう》に「くだん」は、それを敵《てき》の兵《へい》器《き》と信《しん》じこむ兵《へい》士《し》に撃《う》たれ、死《し》ぬ間《ま》際《ぎわ》、最《さい》後《ご》の力《ちから》で雪《ゆき》之《の》助《すけ》と家《か》族《ぞく》の願《ねが》いを聞《き》きます。そして、「凄《すさ》まじい爆《ばく》弾《だん》」で死《し》を予《よ》言《げん》された和《かず》郎《お》と桜《さくら》の魂《たましい》を、和《かず》郎《お》が就《しゅう》学《がく》し「ふたりが長《なが》く幸《しあわ》せに生《い》きられる世《せ》界《かい》」へと導《みちび》きます。

直《ちょく》後《ご》、和《かず》郎《お》と桜《さくら》を取《と》り巻《ま》く世《せ》界《かい》は一《いっ》変《ぺん》します。その世《せ》界《かい》では軍《ぐん》司《し》令《れい》部《ぶ》は開《かい》発《はつ》中《ちゅ》の細《さい》菌《きん》兵《へい》器《き》で自《じ》滅《めつ》し、原《げん》爆《ばく》投《とう》下《か》もなく無《む》条《じょう》件《けん》降《こう》伏《ふく》。GHQ司《し》令《れい》官《かん》は日《に》本《ほん》軍《ぐん》の攻《こう》撃《げき》で手《て》足《あし》を失《うしな》うも、良《りょう》心《しん》的《てき》統《とう》治《ち》をおこない、自《じ》分《ぶん》をふくむ肢体《したい》の不自由《ふじゆう》な人々《ひとびと》のために義肢技術《ぎしぎじゅつ》等《など》を発《はっ》展《てん》させます。結《けっ》果《か》、雪《ゆき》之《の》助《すけ》一《いっ》家《か》は優《すぐ》れた義《ぎ》肢《し》や教《きょう》育《いく》を得《え》て、幸《しあわ》せに暮《く》らしたのでした。

しかし、和《かず》郎《お》と桜《さくら》は、土《ど》手《て》からの景《け》色《しき》を見《み》るたびに、体《からだ》の不《ふ》自《じ》由《ゆう》をも個《こ》性《せい》にし、貧《まず》しくてもたがいをかばい助《たす》け合《あ》う、「満《み》たされた気《き》持《も》ちにつつまれる」あの日《ひ》々《び》を思《おも》い出《だ》します。他《た》人《にん》から「舟《ふね》=家《いえ》」がどう見《み》られようと、それは和《かず》郎《お》と桜《さくら》には美《うつく》しく尊《とうと》い家《か》族《ぞく》の場《ば》であり、物《ぶっ》質《しつ》的《てき》に幸《しあわ》せな今《いま》でも、死《し》んだら「また心《こころ》はあそこにもどっていく」と想《おも》うのです。境《きょう》遇《ぐう》にも運《うん》命《めい》にも負《ま》けない〝生《い》きる力《ちから》〟がそこにありました。

『くだん』とは?

「くだん」は漢字《かんじ》で「件」、「イ(にんべん)」+「牛《うし》」で表《あらわ》します。西日本《にしにほん》を中心《ちゅうしん》に伝《つた》わる半人半牛《はんじんはんぎゅう》の姿《すがた》の妖怪《ようかい》とされ、人面牛体《じんめんぎゅうたい》か逆《ぎゃく》に牛面人体《ぐうめんじんたい》で、人《ひと》の言葉《ことば》を話《はな》し、未来《みらい》を告《つ》げ、すぐ死《し》ぬのが共通《きょうつう》の特徴《とくちょう》のようです。また、戦争《せんそう》の勃発《ぼっぱつ》や勝敗《しょうはい》、震災《しんさい》や疫病《えきびょう》、豊作《ほうさく》凶作《きょうさく》などを予言《よげん》し、姿絵《すがたえ》は魔《ま》よけのお札《ふだ》代《が》わりになるなど、見《み》た目《め》や能力《のうりょく》に諸説《しょせつ》があります。

作品《さくひん》紹介《しょうかい》

『五色《ごしき》の舟《ふね》』

漫画《まんが》:近藤《こんどう》ようこ　原作《げんさく》:津原泰水《つはらやすみ》　発行《はっこう》:KADOKAWA

生《う》まれつき両腕《りょううで》がなく、口《くち》での会話能力《かいわのうりょく》を持《も》たない特別《とくべつ》な少《しょう》年《ねん》、和郎《かずお》の目線《めせん》で書《か》かれた幻想《げんそう》SF小説《しょうせつ》を原作《げんさく》とする作品《さくひん》。第《だい》18回《かい》文化《ぶんか》メディア芸術祭《げいじゅつさい》マンガ部門大賞《ぶもんたいしょう》を受賞《じゅしょう》。

太平洋戦争末期《たいへいようせんそうまっき》、病気《びょうき》で両足《りょうあし》を失《うしな》った元花形役者《もとはながたやくしゃ》の座長《ざちょう》、雪之《ゆきの》助《すけ》とシャム双生児《そうせいじ》の片割《かたわ》れの桜《さくら》、怪力芸《かいりきげい》が得意《とくい》な小人症《こびとしょう》の昭助《しょうすけ》、膝《ひざ》が逆間接《ぎゃくかんせつ》の体《からだ》を持《も》ち牛女《うしおんな》を演《えん》じる清子《きよこ》、そして和郎《かずお》は、色《いろ》とりどりの襤褸《ぼろ》をまとった舟《ふね》に住《す》み、雪乃介《ゆきのすけ》を父親代《ちちおやが》わりにひとつの家族《かぞく》として暮《く》らしていた。

見世物小屋《みせものごや》を営《いとな》む彼《かれ》らは、新《あら》たな出《だ》し物《もの》にするために「くだん」を買《か》いに岩国《いわくに》へ向《む》かうが、軍《ぐん》がひと足早《あしはや》く手《て》に入《い》れてしまう。

「同《おな》じ死《し》ぬなら 勇敢《ゆうかん》に戦《たたか》って立派《りっぱ》に 死《し》にたいんだ 親《おや》父《じ》みたいに」

漫画家志望《まんがかしぼう》の田丸一等兵《たまるいっとうへい》は、遺族《いぞく》に嘘《うそ》の〝最期《さいご》の勇姿《ゆうし》〟を書《か》き送《おく》る「功績係《こうせきがかり》」を命《めい》じられた。

主人公《しゅじんこう》の田丸一等兵《たまるいっとうへい》は、ペリリュー島《とう》で要塞《ようさい》の洞窟《どうくつ》ほりを命《めい》じられますが、体力《たいりょく》のなさから、戦友《せんゆう》の小山一等兵《こやまいっとうへい》とともに、配属《はいぞく》をはずされてしまいます。

「役立《やくだ》たず」にあつかわれたことにグチを言《い》いあうなか、「勝《か》って無事《ぶじ》に帰《かえ》りたい」と言《い》った田丸《たまる》に、小山《こやま》は「この島《しま》から生《い》きて帰《かえ》れると思《おも》っているのか」と問《と》います。とまどう田丸《たまる》に、後日《ごじつ》、小山《こやま》は付近《ふきん》の島々《しまじま》が次々《つぎつぎ》に「玉砕《ぎょくさい》(全滅《ぜんめつ》)」している戦況《せんきょう》からすれば、この島《しま》も例外《れいがい》ではないと説明《せつめい》します。

小山《こやま》は「俺《おれ》はもう死《し》ぬ覚悟《かくご》は出来《でき》ている」と言《い》う一方《いっぽう》で、「無駄死《むだじ》にはしたくない、できれば大陸《たいりく》での戦《たたか》いで死《し》んだ父《ちち》の、伝《つた》えられた最後《さいご》の死《し》にざま同様《どうよう》に、勇猛果敢《ゆうもうかかん》に敵《てき》と差《さ》し違《ちが》えて死《し》にたい」と願《ねが》ってもいました。

しかし小山《こやま》は翌日《よくじつ》、爆撃機《ばくげきき》の飛来音《ひらいおん》におどろいてぬかるみに足《あし》をすべらせて転《ころ》び、頭《あたま》を石《いし》にぶつけて死《し》んでしまいます。

覚悟《かくご》と正反対《せいはんたい》の「無駄死《むだじ》に」に呆然《ぼうぜん》とする田丸《たまる》でしたが、そんなとき、彼《かれ》は小隊長《しょうたいちょう》に呼《よ》び出《だ》され「功績係《こうせきがかり》」という仕事《しごと》を頼《たの》まれるのです。

俺はね
もー死ぬ覚悟は
出来てるんだ
でもね
同じ死ぬなら
勇敢に戦って
立派に死にたいんだ
親父
みたいに

▲小山《こやま》は英雄《えいゆう》として立派《りっぱ》に死《し》ぬ覚悟《かくご》はできていると言《い》い、田丸《たまる》は生《い》きのびることをあきらめなかった。皮肉《ひにく》にも小山《こやま》はつまらなく死《し》んだ。

「ペリリューの戦《たたか》い」とは?

太平洋戦争末期《たいへいようせんそうまっき》、南太平洋上《みなみたいへいようじょう》のミクロネシア地域《ちいき》にあるパラオ諸島《しょとう》のペリリュー島《とう》でおこなわれた、日本軍《にほんぐん》とアメリカ軍《ぐん》の地上戦《ちじょうせん》の通称《つうしょう》です。

戦闘《せんとう》は1944年《ねん》9月《がつ》15日《にち》から11月《がつ》25日《にち》まで続《つづ》き、戦死者《せんししゃ》10695名《めい》を出《だ》し、日本軍《にほんぐん》の敗北《はいぼく》に終《お》わりました。

しかし、この戦《たたか》いで日本軍《にほんぐん》は「徹底持久《てっていじきゅう》」を戦略《せんりゃく》として、「万歳突撃《バンザイとつげき》」※を禁《きん》じ、要塞化《ようさいか》した島《しま》に防御陣地《ぼうえいじんち》を築《きず》き、ゲリラ戦《せん》をふくむ組織的《そしきてき》な抵抗《ていこう》をおこないました。その結果《けっか》、戦力的《せんりょくてき》に圧倒的《あっとうてき》であったはずのアメリカ軍《ぐん》の損害《そんがい》も多大《ただい》となり、戦死者《せんししゃ》2,336名《めい》、戦傷者《せんしょうしゃ》8,450名《めい》と、両軍《りょうぐん》ともに大《おお》きな被害《ひがい》が出《で》ました。

※万歳突撃《ばんざいとつげき》：旧日本軍《きゅうにほんぐん》が大軍《たいぐん》を相手《あいて》に撤退《てったい》することなく、軽装備《けいそうび》で無茶《むちゃ》な全員攻撃《ぜんいんこうげき》をおこなうこと。

戦争《せんそう》にカッコいい死《し》に方《かた》などありはしない。

「功績係《こうせきがかり》」とは、隊員《たいいん》の〝最期《さいご》の勇姿《ゆうし》〟を遺《い》族《ぞく》に伝《つた》える手紙《てがみ》の執筆係《しっぴつがかり》でした。内地《ないち》の遺《い》族《ぞく》に「嘘《うそ》の話《はなし》」を書《か》く仕事《しごと》に、とまどう田丸《たまる》でしたが、本人《ほんにん》のためにも、遺族《いぞく》のためにも、手紙《てがみ》のなかだけでも、勇敢《ゆうかん》な死《し》に方《かた》をさせてやりたいという小隊長《しょうたいちょう》の思《おも》いに深《ふか》く共感《きょうかん》します。

小山《こやま》の〝最期《さいご》の勇姿《ゆうし》〟を仕上《しあ》げ、「望《のぞ》み通《どお》り親父《おやじ》さんみたいな大活躍《だいかつやく》だよ、ちょっと嘘《うそ》くさいぐらいにさ」と、ひとりつぶやいた田《た》丸《まる》は、小山《こやま》の父《ちち》と小山自身《こやまじしん》の〝最期《さいご》の勇姿《ゆうし》〟

▶仲間《なかま》の遺体《いたい》に残《のこ》された家族《かぞく》の写真《しゃしん》を見《み》た田村《たむら》は、功績《こうせき》係《がかり》の重責《じゅうせき》を自覚《じかく》し、なんとしても生《い》き残《のこ》ろうと思《おも》った。

の類似《るいじ》という、気《き》がついてはいけないことに気《き》がついてしまい、呆然《ぼうぜん》とするのでした。

やがて、アメリカ軍《ぐん》の大部隊《だいぶたい》による島《しま》への大侵攻《だいしんこう》が始《はじ》まりました。田丸《たまる》の隊《たい》も守備《しゅび》隊《たい》として戦《たたか》い戦果《せんか》をあげますが、多《おお》くの仲《なか》間《ま》が死《し》に、全滅《ぜんめつ》しかけます。あやまって自《じ》爆《ばく》したり、犬死《いぬじ》にも多《おお》い状況《じょうきょう》でしたが、のこされた彼《かれ》らの軍隊手帳《ぐんたいてちょう》や、家族《かぞく》の写真《しゃしん》をみて田丸《たまる》は、「皆《みな》 家族《かぞく》を思《おも》ってここにいたんだ」と改《あらた》めて気《き》がつき、「功績係《こうせきがかり》」が大事《だいじ》な仕事《しごと》であると思《おも》いなおすのでした。

戦争《せんそう》という個人《こじん》では不可避《ふかのう》な状況《じょうきょう》で死《し》にゆくにも関《かか》わらず、命《いのち》が有意義《ゆういぎ》な形《かたち》で散《ち》るとはかぎりません。むしろ無残《むざん》に無意味《むいみ》にかっこ悪《わる》く死《し》ぬことのほうが多《おお》かったでしょう。しかし、それをのこされた遺族《いぞく》は納得《なっとく》できるでしょうか。たとえ真実《しんじつ》でなくても、「何《なに》かをなして死《し》んだ」と知《し》らされることで、のこされた者《もの》には〝生《い》きる希望《きぼう》〟となることもあるのです。

戦争《せんそう》にかっこいい死《し》に方《かた》などありません。一方《いっぽう》でこういった死《し》や戦果《せんか》に関《かん》する虚偽報告《きょぎほうこく》は、諸外国《しょがいこく》でも広《ひろ》くおこなわれ、本来公式発《ほんらいこうしきはっ》表《ぴょう》としては許《ゆる》されないウソが、戦意《せんい》の維持《いじ》や遺族《いぞく》への配慮《はいりょ》として利用《りよう》されました。

著者《ちょしゃ》プロフィール

著《ちょ》：武田一義《たけだかずよし》
2014年《ねん》、自身《じしん》の精巣腫瘍《せいそうしゅよう》の闘病《とうびょう》を描《えが》いたデビュー作《さく》『さよならタマちゃん』にて、マンガ大賞《たいしょう》2014第三位《だいさんい》を受賞《じゅしょう》。このほか代表作《だいひょうさく》に『おやこっこ』などがある。

協力《きょうりょく》：平塚柾緒《ひらつかまさお》（太平洋戦争研究会《たいへいようせんそうけんきゅうかい》）
ノンフィクションライター。著書《ちょしょ》に『図説《ずせつ》・日露戦争《にちろせんそう》』『図説《ずせつ》・山本五十六《やまもといそろく》』『ブラック・チェンバー』などがある。

作品紹介《さくひんしょうかい》

『ペリリュー ―楽園《らくえん》のゲルニカ― 1』
著《ちょ》：武田一義《たけだかずよし》　発行《はっこう》：白泉社《はくせんしゃ》

1944年の夏《なつ》、豊《ゆた》かな自然《しぜん》が彩《いろど》る楽園《らくえん》のような島《しま》、ペリリュー島《とう》は日米両軍《にちべいりょうぐん》によって屈指《くっし》の激戦地《げきせんち》となり、楽園《らくえん》は一転《いってん》して地獄絵図《じごくえず》となった。

アメリカ軍《ぐん》の爆撃《ばくげき》が続《つづ》くさなか、漫画家志《まんがかし》望《ぼう》の兵士《へいし》、田丸一等兵《たまるいっとうへい》は島《しま》を要塞化《ようさいか》し立《た》てこもって戦《たたか》うため洞窟《どうくつ》ほりに従事《じゅうじ》していた。

田丸一等兵《たまるいっとうへい》が物語《ものがたり》を描《えが》くことができると知《し》った小隊長《しょうたいちょう》は、彼《かれ》を隊員《たいいん》の「最期《さいご》の勇姿《ゆうし》」を書《か》いて遺族《いぞく》に送《おく》る仕事《しごと》、「功績係《こうせきがかり》」に任命《にんめい》した。

「なっ…なぜ殺《ころ》さん…」「今《いま》あなたを殺《ころ》すとただの私《し》怨《えん》だ」

西表島《いりおもてじま》への疎開《そかい》を強制《きょうせい》された、嘉例島《かれいじま》の島民《とうみん》は、マラリアで次々《つぎつぎ》とたおれていった。

太平洋戦争末期《たいへいようせんそうまっき》に沖縄県《おきなわけん》、八重山諸島《やえやましょとう》の架空《かくう》の島《しま》、嘉例島《かれいじま》に赴任《ふにん》した、人当《ひとあ》たりのいい学校《がっこう》の先生《せんせい》・轟大介《とどろきだいすけ》は、沖縄本土《おきなわほんど》での戦闘《せんとう》が始《はじ》まると、自分《じぶん》は特務機関《とくむきかん》の少尉《しょうい》だと言《い》って、主人公《しゅじんこう》の通事史郎巡査《つうじしろうじゅんさ》や島民《とうみん》に、西表島《いりおもてじま》へ全島民《ぜんとうみん》の疎開《そかい》を命令《めいれい》します。しかし西表島《いりおもてじま》はマラリア蚊《か》の生息地《せいそくち》であり、嘉例島《かれいじま》は軍事的《ぐんじてき》に重要《じゅうよう》な島《しま》ではないという理由《りゆう》から、島民《とうみん》たちは疎開《そかい》に強《つよ》く反対《はんたい》します。

通事巡査《つうじじゅんさ》も命令書《めいれいしょ》を見《み》せろとせまりますが、少尉《しょうい》は疎開《そかい》を進《すす》めることだけを主張《しゅちょう》し続《つづ》けました。

通事巡査《つうじじゅんさ》は疎開中止《そかいちゅうし》を求《もと》め、2週間《しゅうかん》かけてたどり着《つ》いた石垣島《いしがきじま》の旅団本部《りょだんほんぶ》で、疎開《そかい》中止《ちゅうし》の命令書《めいれいしょ》を手《て》に入《い》れますが、実《じつ》は旅団《りょだん》が轟少尉《とどろきしょうい》と共犯《きょうはん》であることを巡査仲間《じゅんさなかま》の宮良《みやら》から知《し》らされます。

旅団《りょだん》にとって疎開《そかい》は口実《こうじつ》であり、既《すで》に島《しま》の家畜《かちく》は備蓄食料《びちくしょくりょう》として旅団《りょだん》におさめられたというのです。そして、西表島《いりおもてじま》に向《む》かった通事《つうじ》巡査《じゅんさ》は、島民《とうみん》をおどし独裁者《どくさいしゃ》となった轟少尉《とどろきしょうい》と、自分《じぶん》の幼《おさな》い息子《むすこ》や、多《おお》くの島民《とうみん》たちがマラリアに感染《かんせん》したのを目撃《もくげき》します。

宮良 手伝って くれ
おう
ドダッ
なっ……なぜ殺さん……
そうだな 疎開前にあんたを消すべきだったな
今 あなたを殺すと ただの私怨だ

◀島民《とうみん》を犠牲《ぎせい》にした轟《とどろき》を許《ゆる》すことができなかった主人公《しゅじんこう》だが、彼《かれ》の命《いのち》をうばうことを思《おも》いとどまり、自然《しぜん》の判断《はんだん》に任《まか》せた。

カジムヌガタイ―風《かぜ》が語《かた》る沖縄戦《おきなわせん》

戦争《せんそう》だからという理屈《りくつ》は、理不尽《りふじん》に家族《かぞく》や仲間《なかま》をうばわれた人々《ひとびと》には通用《つうよう》しない。

通事巡査《つうじじゅんさ》が持《も》ち帰《かえ》った、中止命令《ちゅうしめいれい》を轟《とどろき》は取《と》り合《あ》わず、彼《かれ》の幼子《おさなご》はマラリアで死亡《しぼう》します。

数日後《すうじつご》、ついに轟少尉《とどろきしょうい》と、通事巡査《つうじじゅんさ》に率《ひき》いられた島民《とうみん》が本格的《ほんかくてき》に衝突《しょうとつ》します。しかし、宮良巡査《みやらじゅんさ》から沖縄《おきなわ》での戦闘終結《せんとうしゅうけつ》が伝《つた》えられ、間一髪衝突《かんいっぱつしょうとつ》は回避《かいひ》されました。

島民《とうみん》が嘉例島《かれいじま》への帰島準備《きとうじゅんび》に入《はい》ると、轟《とどろき》少尉《しょうい》は軍服《ぐんぷく》をぬぎ、「私《わたし》もね肩《かた》の荷《に》がおりてホッとしてます　まァしかし戦闘《せんとう》がなくて何《なに》よりでした　はい」などと、他人事《たにんごと》のように言《い》って、帰島《きとう》の舟《ふね》への同乗《どうじょう》を願《ねが》いました。その行動《こうどう》や、「戦争《せんそう》だから責任《せきにん》はない」という言《い》いわけにあきれた通事《つうじ》は、「あなたは、私《わたし》たちにとって国家《こっか》そのものだった」と言《い》って、マラリアの責任《せきにん》を取《と》らせるため、そして死《し》んだ息子《むすこ》の復讐《ふくしゅう》のため、轟《とどろき》との真《しん》剣勝負《けんしょうぶ》をいどみます。

真剣勝負《しんけんしょうぶ》に敗《やぶ》れ、脚《あし》をたたき折《お》られた轟《とどろき》は「なぜ殺《ころ》さないのか」と巡査《じゅんさ》たちに聞《き》きますが、彼《かれ》らは「今《いま》　あなたを殺《ころ》すとただの私《し》怨《えん》だ」とこたえます。そしてマラリア蚊《か》の生息《せいそく》する原生林《げんせいりん》につれていき、自然《しぜん》に判断《はんだん》をゆだね3日《か》放置《ほうち》すると伝《つた》え、去《さ》っていきました。

国家権力《こっかけんりょく》の非道《ひどう》な暴力《ぼうりょく》を体現《たいげん》し、多《おお》くの島民《とうみん》の命《いのち》をうばった轟《とどろき》にたいし、島民《とうみん》たちはその命《いのち》を直接《ちょくせつ》うばうような復讐《ふくしゅう》はしませんでした。暴力《ぼうりょく》による復讐《ふくしゅう》の連鎖《れんさ》は次《つぎ》の悲《ひ》劇《げき》しか生《う》みません。罪《つみ》の自覚《じかく》をうながすにとどめる一定《いってい》の歯止《はど》めをかけたのです。

マラリア

亜熱帯《あねったい》、熱帯地域《ねったいちいき》を中心《ちゅうしん》に「蚊《か》」を媒介《ばいかい》として広《ひろ》がる感染症《かんせんしょう》の一種《いっしゅ》で、マラリア原虫《げんちゅう》と呼《よ》ばれる単細胞生物《たんさいぼうせいぶつ》が赤血球《せっけっきゅう》に寄生《きせい》することで感染《かんせん》し、2週間《しゅうかん》から1ヵ月《げつ》の潜伏期間《せんぷくきかん》の後《のち》、悪寒《おかん》、発熱《はつねつ》などをともなって発症《はっしょう》し、栄養失調状態《えいようしっちょうじょうたい》では、高《たか》い確《かく》率《りつ》で死《し》にいたります。

西表島《いりおもてじま》はマラリアの多発地帯《たはつちたい》であり住民《じゅうみん》は疎開《そかい》に反対《はんたい》しましたが軍《ぐん》は許《ゆる》さず、その結果《けっか》波照間島《はてるまじま》では住民《じゅうみん》の98%以上《いじょう》が発症《はっしょう》し、35%以上《いじょう》が犠牲《ぎせい》となりました。一説《いっせつ》には、軍《ぐん》の食料確保《しょくりょうかくほ》のため、疎《そ》開《かい》を口実《こうじつ》に住民《じゅうみん》を遠《とお》ざけたともいわれています。

作品《さくひん》紹介《しょうかい》

『カジムヌガタイ―風《かぜ》が語《かた》る沖縄戦《おきなわせん》』

著《ちょ》：比嘉慂《ひがすすむ》　発行《はっこう》：講談社《こうだんしゃ》

太平洋戦争《たいへいようせんそう》とその後《ご》に続《つづ》く沖縄住民《おきなわじゅうみん》の苦難《くなん》を、史実《しじつ》をもとに漫画化《まんがか》。実現《じつげん》することは難《むずか》しかった復讐《ふくしゅう》を、物語《ものがたり》として描《えが》いた作品集《さくひんしゅう》である。ここでは「イシムヌガタイ－石《いし》は語《かた》る－」というエピソードを紹介《しょうかい》する。

嘉例島《かれいじま》に赴任《ふにん》した、人当《ひとあ》たりのいい先生《せんせい》・轟《とどろき》は、沖縄戦《おきなわせん》が始《はじ》まると、唐突《とうとつ》に特務機関《とくむきかん》の少尉《しょうい》という身分《みぶん》を明《あ》かし、強圧的《きょうあつてき》に島民《とうみん》に西表島《いりおもてじま》へ疎開《そかい》を命《めい》じる。

西表島《いりおもてじま》にはマラリアが蔓延《まんえん》しており、村人《むらびと》たちは疎開《そかい》を拒否《きょひ》するが、轟《とどろき》は取《と》りあわなかった。島民《とうみん》が病《やまい》にたおれていく中《なか》、彼《かれ》らが島《しま》に残《のこ》した家畜《かちく》は、日本軍《にほんぐん》の食糧《しょくりょう》としてうばわれていった。

著者《ちょしゃ》プロフィール

比嘉慂《ひがすすむ》

1953年《ねん》生《う》まれ。沖縄県出身《おきなわけんしゅっしん》。2003年《ねん》、『カジムヌガタイ―風《かぜ》が語《かた》る沖縄戦《おきなわせん》―』にて、第《だい》7回《かい》文化庁《ぶんかちょう》メディア芸術祭大賞《げいじゅつさいたいしょう》を受賞《じゅしょう》。代表作《だいひょうさく》に『砂《すな》の剣《けん》』『美童物語《みやらびものがたり》』などがある。

植物学《しょくぶつがく》の父《ちち》 牧野富太郎《まきのとみたろう》から学《まな》ぶ生《い》きる力《ちから》

牧野富太郎博士《まきのとみたろうはかせ》は「日本《にほん》の植物学《しょくぶつがく》の父《ちち》」と言《い》われた植物分類学者《しょくぶつぶんるいがくしゃ》です。自然《しぜん》に親《した》しみ、植物《しょくぶつ》とともに生《い》きた生涯《しょうがい》をおくりました。植物《しょくぶつ》をつねに身近《みぢか》に感《かん》じ愛《あい》し続《つづ》けた彼《かれ》は、植物《しょくぶつ》に関《かん》してさまざまな言葉《ことば》を残《のこ》しています。

牧野富太郎《まきのとみたろう》の言葉《ことば》①

「植物《しょくぶつ》と人間《にんげん》とを比《くら》べると人間《にんげん》の方《ほう》が植物《しょくぶつ》より弱虫《よわむし》であるといえよう。
つまり人間《にんげん》は、植物《しょくぶつ》に向《む》こうてオジギをせねばならぬ立場《たちば》にある」

出典：牧野富太郎自叙伝より（講談社学術文庫）

牧野富太郎《まきのとみたろう》の言葉《ことば》②

「私《わたし》の一生《いっしょう》は殆《ほとん》ど植物《しょくぶつ》に暮《く》れている。
すなわち植物《しょくぶつ》があって生命《せいめい》があり、
また長寿《ちょうじゅ》でもある」

出典：牧野富太郎自叙伝より（講談社学術文庫）

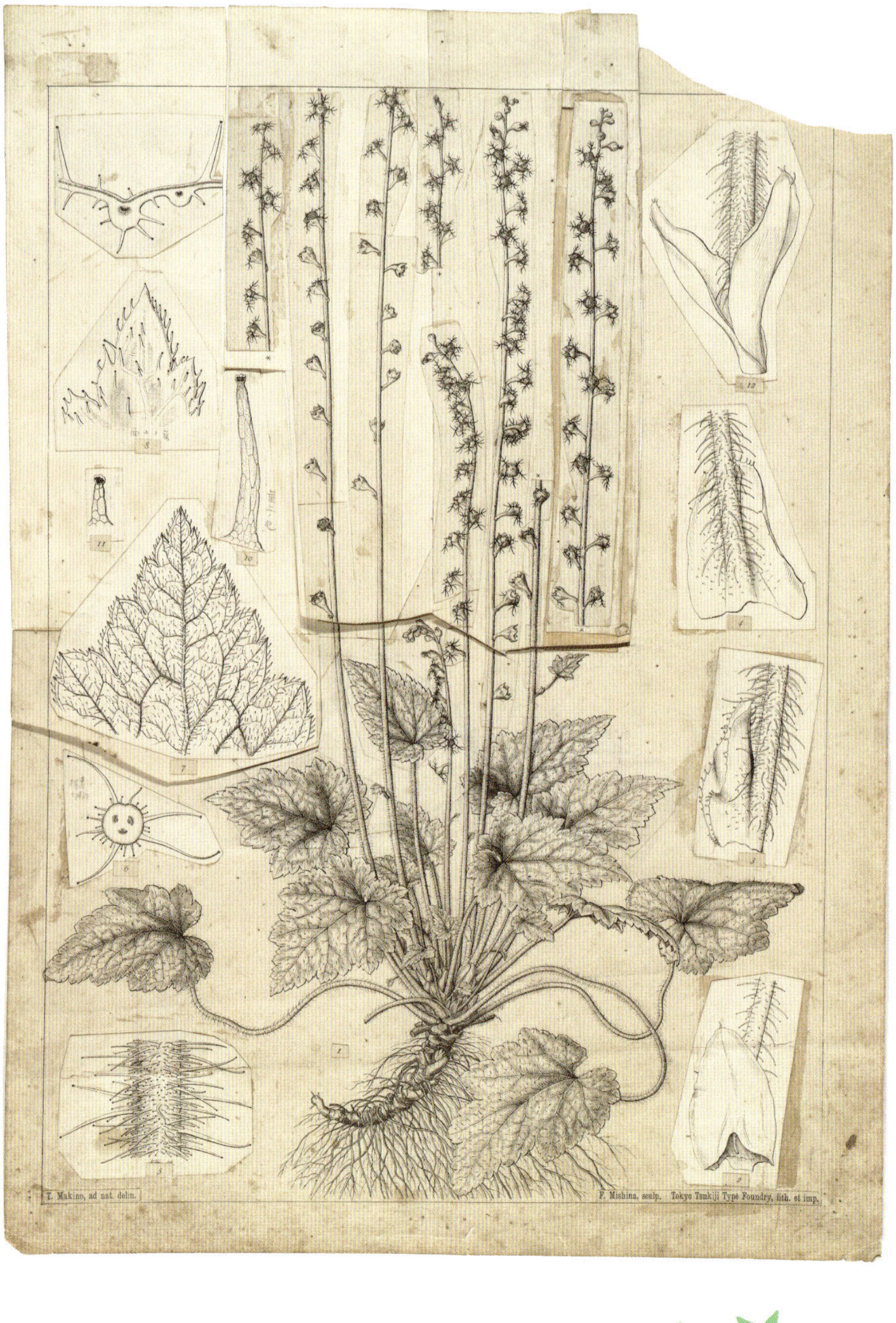

◀牧野富太郎博士《まきのとみたろうはかせ》が描《えが》いたシコクチャルメルソウ。

牧野富太郎《まきのとみたろう》の言葉《ことば》③

「草木《くさき》を愛《あい》すれば草木《くさき》が可愛《かわい》くなり、可愛《かわい》ければそれを大事《だいじ》がる。〈中略《ちゅうりゃく》〉これを培《つちか》えば段々《だんだん》発達《はったつ》して遂《つい》に慈愛《じあい》に富《と》んだ人《ひと》となるであろう。〈中略《ちゅうりゃく》〉人間同士《にんげんどうし》は必然的《ひつぜんてき》になおさら深《ふか》く思《おも》い遣《や》り厚《あつ》く同情《どうじょう》するのであろう。〈中略《ちゅうりゃく》〉天下《てんか》は泰平《たいへい》で喧嘩《けんか》もなければ戦争《せんそう》も起《おこ》るまい。故《ゆえ》に私《わたし》は是非《ぜひ》とも草木《くさき》に愛《あい》を持《も》つ事《こと》をわが国民《こくみん》に奨《すす》めたい」

出典：牧野富太郎自叙伝より（講談社学術文庫）

植物《しょくぶつ》を愛《あい》せば、植物《しょくぶつ》がかわいくなります。そうすれば植物《しょくぶつ》を大事《だいじ》にするようになります。この生《い》き方《かた》を広《ひろ》げていけば、人《ひと》びとはみな慈愛《じあい》にみちた人間《にんげん》になり、お互《たが》いを思《おも》いやり、喧嘩《けんか》や戦争《せんそう》もおこらなくなるでしょう。だからこそ、牧野富太郎《まきのとみたろう》はすべての人々《ひとびと》が植物《しょくぶつ》を愛《あい》するようになるように願《ねが》ったのです。

▲五台山《ごだいさん》の頂上付近《ちょうじょうふきん》に位置《いち》する日本《にほん》でも数少《かずすく》ない総合《そうごう》植物園《しょくぶつえん》。園内《えんない》には、四季折々《しきおりおり》約《やく》3,000種類《しゅるい》の植物《しょくぶつ》をはじめ、常設展示《じょうせつてんじ》や子《こ》どもから大人《おとな》まで楽《たの》しめる体験型《たいけんがた》展示《てんじ》、温室《おんしつ》など見所充実《みどころじゅうじつ》。

◀牧野博士《まきのはかせ》の書斎《しょさい》「繇條書屋《ようじょうしょおく》」を再現《さいげん》したコーナー、からくり人形《にんぎょう》など見《み》所満載《どころまんさい》。牧野博士《まきのはかせ》94年《ねん》の生涯《しょうがい》を少年《しょうねん》期《き》、青年期《せいねんき》、壮年《そうねん》期《き》、晩年《ばんねん》に分《わ》けて紹介《しょうかい》。直筆《じきひつ》の書《しょ》や植物図《しょくぶつず》、牧野博士《まきのはかせ》蒐集《しゅうしゅう》の蔵書《ぞうしょ》や写真《しゃしん》など多数展示《たすうてんじ》。

高知県立牧野植物園《こうちけんりつまきのしょくぶつえん》

〒781-8125 高知市五台山《こうちしごだいさん》4200-6
TEL：(088) 882-2601（代表《だいひょう》）
一般《いっぱん》720円《えん》（高校生以下無料《こうこうせいいかむりょう》）、団体《だんたい》620円《えん》(20名以上《めいいじょう》)、年間入園券《ねんかんにゅうえんけん》2,880円《えん》

※この情報《じょうほう》は2016年《ねん》12月時点《がつじてん》のものです。情報《じょうほう》は変更《へんこう》になる可能性《かのうせい》がございますので、あらかじめご了承《りょうしょう》ください。

写真提供：高知県立牧野植物園所蔵

牧野富太郎《まきのとみたろう》とは？

1862年《ねん》、高知県高岡《こうちけんたかおか》郡《ぐん》に生《う》まれました。時代《じだい》は江戸末期《えどまっき》、同《おな》じ年《とし》に坂本龍馬《さかもとりょうま》が土佐藩《とさはん》を脱藩《だっぱん》し、京都《きょうと》で池田屋騒動《いけだやそうどう》がおこりました。

12歳《さい》で小学校《しょうがっこう》へ入学《にゅうがく》するも、2年《ねん》で退学《たいがく》し独自《どくじ》の研究《けんきゅう》に没頭《ぼっとう》します。

19歳《さい》で上京《じょうきょう》、第《だい》2回《かい》内国勧業博覧会《ないこくかんぎょうはくらんかい》を見学《けんがく》します。当時《とうじ》上京《じょうきょう》することは外国《がいこく》に行《い》くように困難《こんなん》な時代《じだい》でした。

22歳《さい》で東京大学理学部植物学教室《とうきょうだいがくりがくぶしょくぶつがくきょうしつ》に出入《でい》りをゆるされ、植物《しょくぶつ》の研究《けんきゅう》に没頭《ぼっとう》。78歳《さい》で研究《けんきゅう》の集大成《しゅうたいせい》「牧野日本植物図鑑《まきのにほんしょくぶつずかん》」を刊行《かんこう》しました。

生涯《しょうがい》で採集《さいしゅう》した標本《ひょうほん》は約《やく》40万枚《まんまい》、新種《しんしゅ》や新品種《しんひんしゅ》など約《やく》1,500種類以上《しゅるいいじょう》の植物《しょくぶつ》を命名《めいめい》し、日本《にほん》の植物分類学《しょくぶつぶんるいがく》の基礎《きそ》をきずいた先駆者《せんくしゃ》となりました。

1956年《ねん》、肺炎《はいえん》が悪化《あっか》し、昭和天皇《しょうわてんのう》よりお見舞《みま》いのアイスクリームが届《とど》いたと言《い》う逸話《いつわ》も残《のこ》されています。そして翌年《よくねん》、94歳《さい》の生涯《しょうがい》を終《お》えました。

没後《ぼつご》、文化勲章《ぶんかくんしょう》が授与《じゅよ》されました。江戸時代《えどじだい》に生《う》まれ、昭和《しょうわ》の太平洋戦争後《たいへいようせんそうご》まで生《い》きぬいた研究一筋《けんきゅうひとすじ》の人生《じんせい》でした。翌年《よくねん》、博士《はかせ》の遺志《いし》を受《う》け継《つ》ぎ高知市五台山《こうちしごだいさん》に牧野植物園《まきのしょくぶつえん》が開園《かいえん》しました。

『この世界《せかい》の片隅《かたすみ》に』から学《まな》ぶ生《い》きる力《ちから》

『この世界《せかい》の片隅《かたすみ》に』は、〝戦争《せんそう》〟を題材《だいざい》にした作品《さくひん》ではありますが、悲壮感漂《ひそうかんただよ》うシーンや直接的《ちょくせつてき》な戦闘《せんとう》の場面《ばめん》はあまり多《おお》くありません。それよりも戦況《せんきょう》が悪化《あっか》していく中《なか》で、主人公《しゅじんこう》のすずや周囲《しゅうい》の人々《ひとびと》の日常《にちじょう》が変《か》わっていく様子《ようす》、戦争中《せんそうちゅう》に生《い》きている人々《ひとびと》の普段《ふだん》の暮《く》らしが淡々《たんたん》と描《えが》かれていくのです。

こうの史代《ふみよ》が描《えが》いたこの物語《ものがたり》は、2016年《ねん》11月《がつ》に劇場用長編《げきじょうようちょうへん》アニメーションとして公開《こうかい》されました。アニメーションになったことで、「動《うご》き」や「音《おと》」が加《くわ》えられ、すずたちの生活《せいかつ》に、さらにリアリティとぬくもりが増《ま》しました。

細《こま》やかな仕草《しぐさ》や、セリフの方言《ほうげん》、言《い》い回《まわ》しまでこだわって丁寧《ていねい》につくりあげられた登場人物《とうじょうじんぶつ》たちは、そのだれもが実際《じっさい》に生《い》きているかのようで、とても親《した》しみやすく、当時《とうじ》の広島《ひろしま》や呉《くれ》の景観《けいかん》をできるだけ再現《さいげん》した背景《はいけい》は、過去《かこ》の出来事《できごと》が今《いま》につながっていることを感《かん》じさせます。作中《さくちゅう》の彼女《かのじょ》たちが、空襲《くうしゅう》や広島《ひろしま》に落《お》とされた原爆《げんばく》の脅威《きょうい》を目《ま》の当《あ》たりにし、戦争《せんそう》に対《たい》して何《なに》を思《おも》い、どのように日常《にちじょう》を過《す》ごしてきたのか、このアニメーションにつまっているのです。

昭和《しょうわ》19年《ねん》（1944年《ねん》）、第二次世界大戦《だいにじせかいたいせん》の真《ま》っ只中《ただなか》、18歳《さい》になった主人公《しゅじんこう》のすずのもとに、突然《とつぜん》、縁談《えんだん》の話《はなし》がまいこみます。すずは周囲《しゅうい》に言《い》われるがまま祝言《しゅうげん》をあげ、生《う》まれ育《そだ》った広島市江波《ひろしましえば》から、軍港《ぐんこう》として栄《さか》えていた呉《くれ》の北条家《ほうじょうけ》へと嫁《とつ》ぐことになります。そして、すずは見知《みし》らぬ土地《とち》で、新《あら》たな家族《かぞく》や隣人《りんじん》たちとふれあいながら、戦時下《せんじか》の劣悪《れつあく》な環境《かんきょう》の中《なか》でも前向《まえむ》きに日々《ひび》を過《す》ごしていきます。

戦時中《せんじちゅう》で物資《ぶっし》が不足《ふそく》し、とぼしくなった食糧《しょくりょう》をどうにかするため料理《りょうり》を工夫《くふう》したり、着物《きもの》を仕立《した》て直《なお》してモンペを縫《ぬ》ったり。生活《せいかつ》は苦《くる》しいながらも、彼女《かのじょ》のまわりにはいつも笑顔《えがお》があふれていました。

主人公《しゅじんこう》のすずは、少《すこ》しボーっとしつつも明《あか》

コラム

▶台所《だいどころ》に立《た》ち、楽《たの》しげに料理《りょうり》をするすず。配給《はいきゅう》が少《すく》なくなり、とぼしい食糧《しょくりょう》の中《なか》で、工夫《くふう》をこらした食事《しょくじ》を作《つく》っていく。

▲すずの夫《おっと》・周作《しゅうさく》の姪《めい》の黒村晴美《くろむらはるみ》は、北條《ほうじょう》家《け》に嫁《とつ》いだすずと仲《なか》よくなり、いっしょに船《ふね》（戦艦《せんかん》）を見《み》て過《す》ごすこともあった。

劇場用長編《げきじょうようちょうへん》アニメ『この世界《せかい》の片隅《かたすみ》に』

2016年《ねん》11月《がつ》より公開《こうかい》され人気《にんき》を博《はく》し、公開館数《こうかいかんすう》を増《ふ》やしていった。

広島市江波《ひろしましえば》で生《う》まれ育《そだ》った主人公《しゅじんこう》のすずは、18歳《さい》で軍港《ぐんこう》のある呉《くれ》の北條家《ほうじょうけ》に嫁《とつ》ぐことになる。見知《みし》らぬ土地《とち》で、海軍勤務《かいぐんきんむ》の文官《ぶんかん》・北條《ほうじょう》周作《しゅうさく》の妻《つま》となったすずの日常《にちじょう》が描《えが》かれる。空襲《くうしゅう》によって大切《たいせつ》なものを失《うしな》っていくすずは、それでも懸命《けんめい》に日々《ひび》を生《い》きぬいていく。そして昭《しょう》和《わ》20年《ねん》（1945年《ねん》）の夏《なつ》が訪《おとず》れる——。

公式HP：WWW.konosekai.jp/ 公式Twitter：@konosekai_movie
[原作]こうの史代（『この世界の片隅に』双葉社刊）
[監督・脚本]片渕須直
[キャスト]のん　細谷佳正　稲葉菜月　尾身美詞　小野大輔　潘めぐみ　岩井七世　牛山茂　新谷真弓　澁谷天外（特別出演）
[音楽]コトリンゴ　[キャラクターデザイン]松原秀典
[プロデューサー]丸山正雄　真木太郎
[アニメーション制作]MAPPA　[プロデュース]GENCO
[後援]呉市・広島市

るく前向《まえむ》きで、一生懸命《いっしょうけんめい》に毎日《まいにち》を生《い》きる、いたって普通《ふつう》の女性《じょせい》です。多《おお》くのものを失《うしな》い、時《とき》には心《こころ》が折《お》れそうになるほどつらい出来事《できごと》も経験《けいけん》します。それでも持《も》ち前《まえ》のけなげさやまわりの人《ひと》たちと助《たす》け合《あ》いながら、のりきっていきます。そんな彼女《かのじょ》の生《い》き生《い》きとした姿《すがた》は、私《わたし》たちに「生《い》きる力《ちから》」を教《おし》えてくれています。

著者《ちょしゃ》プロフィール

原作者《げんさくしゃ》：こうの史代《ふみよ》

1968年《ねん》生《う》まれ。広島県出身《ひろしまけんしゅっしん》。1995年《ねん》、「漫画《まんが》アクションファミリー増《ぞう》刊《かん》」掲載《けいさい》の『街角花《まちかどはな》だより』でデビュー。代表作《だいひょうさく》に、『夕凪《ゆうなぎ》の街《まち》　桜《さくら》の国《くに》』『この世《せ》界《かい》の片隅《かたすみ》に』『ぴっぴら帳《ノート》』などがある。戦争《せんそう》と広島《ひろしま》をテーマとした『夕凪《ゆうなぎ》の街《まち》　桜《さくら》の国《くに》』および『この世界《せかい》の片隅《かたすみ》に』が、それぞれ映画化《えいがか》されている。

監督《かんとく》：片渕須直《かたぶちすなお》

アニメーション監督《かんとく》。演出家《えんしゅつか》。1989年《ねん》『魔女《まじょ》の宅急便《たっきゅうびん》』で演出補《えんしゅつほ》を務《つと》め、1996年《ねん》のテレビアニメシリーズ『名犬《めいけん》ラッシー』で監督《かんとく》デビュー。主《おも》な監督作《かんとくさく》に『アリーテ姫《ひめ》』『BLACK LAGOON』『マイマイ新子《しんこ》と千年《せんねん》の魔法《まほう》』などがある。

原作紹介《げんさくしょうかい》　『この世界《せかい》の片隅《かたすみ》に』上《じょう》・中《ちゅう》・下《げ》（全《ぜん》3巻《かん》）

著《ちょ》：こうの史代《ふみよ》　発行《はっこう》：双葉社《ふたばしゃ》

原子爆弾《げんしばくだん》が投下《とうか》された広島《ひろしま》を舞台《ぶたい》にした漫画《まんが》『夕凪《ゆうなぎ》の街《まち》　桜《さくら》の国《くに》』の著者《ちょしゃ》・こうの史代《ふみよ》による漫画作品《まんがさくひん》。第二次世界大戦中《だいにじせかいたいせんちゅう》の広島《ひろしま》・呉《くれ》を舞《ぶ》台《たい》に、主人公《しゅじんこう》すずの日常《にちじょう》を淡々《たんたん》と描《えが》くことで、戦時中《せんじちゅう》の一般家庭《いっぱんかてい》の暮《く》らしやそこに住《す》む人々《ひとびと》の想《おも》いにスポットをあてている。連載時《れんさいじ》には、昭《しょう》和《わ》19年《ねん》2月《がつ》の出来事《できごと》を描《えが》いたエピソードを、平成《へいせい》19年《ねん》2月《がつ》に掲載《けいさい》するという面白《おもしろ》いしかけもあった。2011年《ねん》にテレビドラマ化《か》、2016年《ねん》にアニメ映画化《えいがか》、ノベライズ化《か》もされた。

●サバイバル編 参考文献

『津波、噴火……日本列島 地震の2000年史』(著:保立道久　発行:朝日新聞出版)
『戦後日本の大惨事100』(発行:宝島社)
『あの戦争(上、中、下)』(編:産経新聞社　発行:集英社)
『太平洋戦争通史』(発行:文芸社)
『知識ゼロからの太平洋戦争入門』(監修:半藤一利　発行:幻冬舎)
『アジア・太平洋戦争史——同時代人はどう見ていたか(上・下)』(著:山中恒　発行:岩波書店)
『ドキュメント太平洋戦争への道—「昭和史の転回点」はどこにあったか』(著:半藤一利　発行:PHP研究所)
『いまこそ読みとく太平洋戦争史』(著:諏訪正頼　発行:アーク出版)
『太平洋戦争史　太平洋戦争』(発行:東洋経済新報社)
『太平洋戦争新聞』(著:歴史記者クラブ昭和班　発行:廣済堂出版)
『朝日グラフ』(発行:朝日新聞社)
『牧野日本植物図鑑』(著:牧野富太郎　発行:北隆館)
『牧野富太郎選集』(発行:東京美術)
『宮中侍従物語』(著:牧野富太郎　発行:角川書店)
『牧野富太郎植物のはなし』(発行:草土文化)
『花物語 続植物記』(発行:筑摩書房)

監修　宮川総一郎

1957年生まれ。日本出版美術家連盟所属。マンガジャパン所属。執筆書籍には研究書『松本零士　創作ノート』(KKベストセラーズ)、『松本零士が教えてくれた人生の一言』(クイン出版)集英社手塚赤塚賞受賞。学研「学習」でデビュー。漫画作品には『マネーウォーズ』『金融のマジシャン』(集英社)『兜町ウォーズ』(日本文芸社)ほか多数。

漫画から学ぶ生きる力　サバイバル編

発行日 2017年 1月25日 初版第1刷発行

●監修　宮川総一郎

●企画／製作　スタジオ・ハードデラックス

●編集製作　オペラハウス

●デザイン　スタジオ・ハードデラックス

発行者　高橋信幸
発行所　株式会社ほるぷ出版
〒169-0051　東京都新宿区西早稲田2-20-9
Tel　03-5291-6781　FAX　03-5291-6782　http://www.holp-pub.co.jp
印刷・製本　シナノ印刷株式会社

ISBN978-4-593-58743-8 NDC370 48P　29.7×21cm